Monika Schmitz

111 Kölner Kirchen, die man gesehen haben muss

Mit Fotografien von Britta Schmitz

111

emons:

Bibliografische Information der Deutschen Nationalbibliothek
Die Deutsche Nationalbibliothek verzeichnet diese Publikation in der Deutschen Nationalbibliografie; detaillierte bibliografische Daten sind im Internet über http://dnb.d-nb.de abrufbar.

MIX
Papier aus verantwortungsvollen Quellen
FSC® C083411
FSC
www.fsc.org

Kapitel 22: Kunstwerk: »Jonah's Whale« von Nida Sinnokrot
Layout: Eva Kraskes, nach einem Konzept
von Lübbeke | Naumann | Thoben
Kartografie: altancicek.design, www.altancicek.de
Kartenbasisinformationen aus Openstreetmap,
© OpenStreetMap-Mitwirkende, ODbL
Druck und Bindung: CPI – Clausen & Bosse, Leck
Printed in Germany 2020
ISBN 978-3-7408-0991-1
Originalausgabe

Vorwort

Die »Heidewitzka«-Stadt Köln ist auch eine »Halleluja«-City, denn schließlich ist die Rheinmetropole weltbekannt für ihre Glückseligkeit. Das mag vielleicht auch an der unglaublichen Vielzahl der Kirchen liegen, die sich in Köln tummeln. Und deswegen finden sich in diesem Band 111 besondere Gotteshäuser, die zu einem Besuch einladen: in wegweisende Architekturkunstwerke, zu vielfältigsten Glaubensorten, skurrilen Schätzen, überraschender Kunst, ungewöhnlichen Umwidmungen, himmlischer Historie, mystischen Anekdoten. Gemeinsam repräsentieren sie »Sancta Colonia« mit ihrer Weltoffenheit und ihrem Glaubensspektrum.

So ist das Buch kein Führer durch die »Heiligkeit« der Stadt und auch keine kulturhistorische oder theologische Abhandlung, sondern soll – natürlich »subjektiv« in der Auswahl – die sakralen Stätten in ihrer jeweiligen Eigenheit zeigen. Besondere Juwelen sind in den Nachkriegsjahren entstanden, allein in Köln wurden 194 Kirchen neu gebaut. Mit unglaublichen Formen haben die Baumeister dieser Zeit fast magische Räume entworfen – von der Pyramide bis zum Betongebirge. Grandiose Kirchenbauten, die auf ihre Wiederentdeckung warten.

Aber die Welt hat sich geändert in 2020. Vieles ist nicht mehr so, wie es war. Kirchen mussten ihre Pforten schließen und Gottesdienste feiern wie wohl noch nie zuvor. Von digitalen Predigten zu Pastoren-Podcasts war plötzlich alles möglich in den heiligen Hallen.

Möge dieses Buch nicht allzu viele Orte oder Tipps vorstellen, die diese besondere Zeit so nicht überstehen konnten. Auch die recherchierten Öffnungszeiten sind ohne Gewähr zu verstehen – da alles in ständiger Änderung schwebt.

Aber frei nach Paragraph 2 und 3 des Kölschen Grundgesetzes »Et kütt wie et kütt« und »Et hätt noch immer jot jejange« sollte alles einen guten Lauf nehmen. Darauf ein 111-faches Kölle alaaf!

111 Kölner Kirchen

1 St. Agnes

Ein Denkmal der Liebe …

… gebaut aus Glas und Stein: Am Neusser Platz steht zwar nicht das berühmte Taj Mahal, aber auch hier hat ein liebender Ehemann seiner verstorbenen Frau eine Gedenkstätte errichten lassen. Und diese fiel ähnlich wie das indische Mausoleum ziemlich üppig aus: St. Agnes gilt als die zweitgrößte Kirche der Stadt neben dem Dom.

Peter Joseph Roeckerath war ein erfolgreicher Bauunternehmer, der durch ererbte Ländereien aus der Familie der Gattin und dank geschickter Spekulationen zu einem großen Vermögen kam. Er nutzte sein Kapital und sein politisches Gewicht auch, um sozialeren Wohnungsbau zu betreiben, und gründete Banken, die wegen ihrer Niedrigzinsen anderen ein Dorn im Auge waren. Als gläubiger Katholik sah er sich immer in der Verpflichtung, zu danken und zu geben, und beteiligte sich mit Grundstücks- und Geldspenden am Bau von Kirchen in der Kölner Neustadt.

Schwer getroffen vom frühen Tod seiner Frau Agnes, fasste er im Jahr 1890 den Plan, der Mutter seiner zehn Kinder eine Gedächtniskirche zu widmen. Nach langjährigen Verhandlungen konnte erst 1896 mit dem Bau gestartet werden – nach den genauen Bedingungen des Geldgebers. Nach seinen Vorgaben entstand eine monumentale Hallenkirche im neugotischen Stil, geweiht der heiligen Namensschwester seiner Frau. Der Bauherr trug sämtliche Kosten selbst und beteiligte sich auch an der Innenausstattung. Nach Roeckeraths Tod 1905 sorgte der damalige Pfarrer für die Beisetzung des Stifters in einer Seitenkapelle der Kirche.

Im Krieg mehrfach zerstört, wurde die Agneskirche relativ originalgetreu wiederaufgebaut und ist bis heute die einzige katholische Kirche, die komplett aus den privaten Mitteln eines vermögenden Bürgers finanziert wurde. Agnes Roeckerath, geborene Schmitz, blieb die einzige Kölnerin, derer nicht nur eine Kirche, sondern sogar ein ganzes Veedel im Namen gedenkt.

Adresse Neusser Platz 18, 50670 Köln, www.gemeinden.erzbistum-koeln.de/st-agnes-koeln | ÖPNV Bahn 16, 18, Bus 140, Haltestelle Reichenspergerplatz | Öffnungszeiten Mo–So 9–19 Uhr | Tipp Unter dem Rasen des Oberlandesgerichts am Reichenspergerplatz liegt ein Röhrenbunker von 1942. Der Verein Crifa bietet an jedem ersten Sonntag im Monat von 14 bis 16 Uhr Führungen durch den Bunker an.

2 St. Gertrud

Das »Reihen-Gotteshaus«

Wie herausgesprossen aus einer 62 Meter schmalen Baulücke zwischen den Bahngleisen und der Straße ragt seit 55 Jahren dieses Beton-Gewächs in die Höhe. Und wie eine Pflanze, die sich dem Licht entgegenreckt, sieht seine Gestalt von der Rückseite ganz anders aus als von vorne.

An der Krefelder Straße steht Haus an Haus – dazwischen eingefügt ein längeres Reihenhaus, allerdings mit einigen ungewöhnlichen Türmen. Fährt man mit der Bahn rückwärtig an dem Bau vorbei, ist das Bild ein anderes: Unmittelbar neben den Gleisen erhebt sich ein merkwürdig eckiges Gebirge in Graubraun. Diese architektonische Skulptur wurde erbaut als katholische Kirche plus Pfarrzentrum plus Kindergarten – unverkennbar vom Baumeister Gottfried Böhm.

St. Gertrud ist die zweite katholische Kirche im Agnesviertel und verdankt ihren Namen einer Äbtissin aus dem 7. Jahrhundert: Die heilige Gertrud gilt auch als Nothelferin bei Rattenplagen – sicherlich eine hilfreiche Schutzpatronin bei der Lage direkt am Bahndamm. Das gesamte Ensemble wurde aus grobem Beton errichtet, ungeschönt und rau. Das einzig »Liebliche« an der Außenfassade sind die großen floralen Fenster in den Giebeln der Türme.

Im Innenraum der Kirche wähnt man sich wie in manch anderen Sakralbauten von Gottfried Böhm in einem Kristall aus Beton. Sparsam erleuchtet ragen verschachtelte Wände steil in einen mehrfach gefalteten Dachraum. Beton geht über in Beton – brutal und schlicht. Und dadurch so eindringlich bewegend zur Andacht und Einkehr.

Im Laufe der Zeit wurden zwei Kirchen doch zu viel für die katholische Gemeinde im Agnesviertel. Aber Eindrückliches erleben, hören und sehen kann man nach wie vor in dem sakralen Juwel an der Krefelder Straße: Mit ihrer besonderen Akustik und Architektur fungiert die Böhm-Kirche heute als »Resonanzraum St. Gertrud« für Konzerte, Ausstellungs- und Theaterprojekte.

Adresse Krefelder Straße 57, 50670 Köln, www.gemeinden.erzbistum-koeln.de/st-agnes-koeln/kirchen/st_gertrud | **ÖPNV** Bahn S 6, S 11, S 12, S 19, Haltestelle Hansaring | **Öffnungszeiten** Do–So 10–18 Uhr; Abweichungen bei Veranstaltungen oder Ausstellungen | **Tipp** Nach dem Kulturgenuss lockt 100 Meter weiter Kölns legendäres französisches Sterne-Restaurant Le Moissonnier.

3 Antoniterkirche

Die Kirche des schwebenden Engels

Auf der Schildergasse kann man bestens Geld ausgeben und anscheinend auch gut einsammeln – denn vor rund 700 Jahren entschloss sich der Antoniterorden, dort ein Kloster zu errichten. Dazu gehörte natürlich auch eine Kirche im typischen Stil für einen Bettelorden: schlicht, dreischiffig und ohne prächtigen Turm. Nach den Mönchen übernahmen Protestanten um 1800 die Antoniterkirche, als ihnen endlich das Recht der freien Religionsausübung zugestanden wurde. So wurde sie zur ersten evangelischen Kirche Kölns.

Nur 170 Jahre später wurde das protestantische Gotteshaus überregional als Protest-Kirche bekannt: Die Kölner 68er Bewegung rund um Dorothee Sölle und Heinrich Böll erkor die Kirche zum Veranstaltungsort des »Politischen Nachtgebets«, dem revolutionären Gottesdienst, der von 1968 bis 1972 die Antoniterkirche bis zum Bersten füllte.

Aber berühmt ist die Kirche des heiligen Antonius seit 1952 wegen einer besonderen Himmelsfigur. Gar nicht leicht und luftig, sondern 250 Kilogramm schwer schwebt der bronzene Engel von Ernst Barlach im Seitenschiff. Vor fast 100 Jahren wurde dieser Engel von ihm für den Güstrower Dom geschaffen, zum Gedenken an die Gefallenen des Ersten Weltkrieges. Oft träumte der Künstler vom Fliegen und sah sich dabei selbst aufwärts schweben. Dieses Gefühl der fliegenden Schicksalsgestalt wollte er wiedergeben.

Nur wenige Jahre blieb der Schwebende Engel im Güstrower Dom. 1937 wurde das Werk als »entartete Kunst« entfernt, Barlach starb ein Jahr später. Sein Engel wurde 1941 von den Nazis eingeschmolzen. Ein Freund Barlachs ließ im Geheimen einen Zweitguss anfertigen und versteckte ihn während der Kriegszeit. Nach dem Krieg kaufte die Stadt Köln den Nachguss. Umgewidmet zum Mahnmal für zwei Weltkriege ist der Barlach-Engel seitdem in der Antoniterkirche aufgehängt: taumelnd, an Ketten – ein entsetzter Engel im Schweigen.

Adresse Schildergasse 57, 50667 Köln, www.antonitercitykirche.de | **ÖPNV** Bahn 1, 3, 4, 7, 9, 16, 18, Bus 136, 146, Haltestelle Neumarkt | **Öffnungszeiten** zu den Gottesdiensten und zu Öffnungszeiten des Foyers Mo–Fr 11–19 Uhr, Sa, So 11–17 Uhr | **Tipp** Nebenan entsteht auf dem ehemaligen Klostergelände das neue AntoniterQuartier. Und gegenüber kann man Hightech-Architektur bewundern: das Weltstadthaus von Renzo Piano.

4 Dom

Papa ante portas

Das Wahrzeichen Kölns ist mehrfache Weltrekord-Kirche: beeindruckendster Kirchenbau der Welt, mit 632 Jahren die Kirche mit der längsten Bauzeit, zur Fertigstellung das höchste Gebäude der Welt, mit der größten freischwingenden Glocke der Welt, mit 1.125 Türmchen und rund 6.000.000 Besuchern jährlich, und ewiglich ließe sich die Superlativ-Liste weiterführen.

Allerdings wollen rund 400.000 Kubikmeter umbauter Raum auch instandgehalten werden. So kümmern sich allein an die 30 Steinmetze und Bildhauer um die Pflege für die Ewigkeit. Und auf einer solch gewaltigen Fläche lässt sich auch so einiges unterbringen. In der Stadt, in der man ganz legal eine mit Käse belegte Semmel als »Halben Hahn« verkaufen darf und jeder Jeck anders ist, da dürfen sich auch mal die Steinmetze am Wahrzeichen austoben. Und so findet sich an der Fassade der weltberühmten Kathedrale – mal mehr oder weniger versteckt – so allerlei: Der Geißbock Hennes vom 1. FC Köln, zwei Fußballspieler mit Ball, das Kölner Dreigestirn, ein Funkemariechen und die Kölner Box-Legende Peter Müller sind in luftiger Höhe in Stein gemeißelt. Auch John F. Kennedy, Nikita Chruschtschow, Charles de Gaulle und sogar ein mit Handy telefonierender Dombaumeister sind verewigt.

Und seit Kurzem – noch ganz weiß, wie es sich für das Oberhaupt der katholischen Kirche gehört: Papst Franziskus, der sich rechts neben dem Hauptportal den ein- und ausströmenden Dombesuchern entgegenbeugt oder fast verneigt. Platziert am Hauptportal in einem neuen Baldachin über dem Kopf von König Salomon. Der Heilige Vater ist gut getroffen.

Seit Ende des letzten Jahrhunderts ist leider Schluss mit der kreativen Denkmalpflege. Seitdem ist die Devise an die Steinmetze, sich wieder an den originalen Formen des Mittelalters und des 19. Jahrhunderts zu orientieren. Hhm … ob Papst Franziskus seinerzeit schon auf Erden gewandelt ist?

Adresse Domkloster 4, 50667 Köln, www.domfuehrungen-koeln.de/Dach | ÖPNV Bahn 5, 16, 18, Bus 172, 173, Haltestelle Hauptbahnhof | Öffnungszeiten Dachführungen nur nach Buchung, siehe Webseite | Tipp Noch mehr Papst findet sich, wenn man den Dom umrundet: An der Südseite sprudelt der Petrusbrunnen auf der Papstterrasse. Lange hieß er auch der »Drüjje Pitter«, weil er gar keinen Wasserzulauf hatte.

5 Galerie Kaune Contemporary

Die verschwundene Klosterkapelle

Rund um den geschichtsträchtigen Platz von St. Gereon entsteht seit einigen Jahren etwas Neues aus etwas Altem – und damit ist nicht das luxuriöse Gerling-Quartier gemeint.

In aller Stille verschwunden zwischen den Bauten eines Versicherungsimperiums kehrte ein Juwel wieder zurück ans Tageslicht: Aus dem ehemaligen Klostergebäude, danach Mädchenheim, danach Stadtarchiv wurde eine Luxus-Design-Herberge – das Hotel The Qvest. Geweckt aus dem Dornröschenschlaf glänzt es nun in alter Pracht von außen und neuer von innen.

»Schuld« ist ein Kölner, der auszog, um das Schöne in der Welt zu entdecken. Aufgewachsen zwischen Gereonskirche, St. Maria in der Kupfergasse und im Schatten des Gerling-Imperiums suchte der erfolgreiche Unternehmer Michael Kaune weltweit nach besonderen Häusern, um seinen Traum von einem Designhotel zu verwirklichen. Fündig wurde er zum Schluss direkt vor der Haustür.

Ebenfalls jahrzehntelang verschluckt war auch die dem heiligen Joseph geweihte Kapelle. Komplett umbaut von unzähligen Häuserschluchten des Versicherungskonzerns fristete sie zwischenzeitlich ein Dasein als Betriebsbücherei. Nach Kaunes Motto »das Schöne entdecken und bewahren« durfte auch die Klosterkapelle wieder auferstehen und ist seit sechs Jahren endlich wieder der Öffentlichkeit zugänglich. Aus einem Ort der Andacht wurde eine Stätte der zeitgenössischen Kunst. Die Galerie zeigt Foto- und Videoarbeiten von nationalen und internationalen Künstlern. Und um das Ensemble rund um den Kirchplatz zu komplettieren, hat der Werber, Verleger, Hotelier, Kunstsammler und Galerist in einem weiteren Bau jüngst das Restaurant »La Fonda« eröffnet. In dieser idyllischen City-Lage, wo Historie sich neu erfindet, wandelt sich so nach und nach aus dem Quartier an St. Gereon ein ganz neues Veedel – das »Kaune-Veedel«.

Adresse Gereonskloster 12, 50670 Köln, www.gallery-kc.com | **ÖPNV** Bahn 12, 15, Haltestelle Christophstraße/Mediapark | **Öffnungszeiten** Di, Mi 10–15 Uhr, Do, Fr 10–18 Uhr, Sa 12–17 Uhr | **Tipp** Aus einem Bau des ehemaligen Gerling-Konzerns wurde das neue 25hours Hotel »The Circle« – mit der spektakulärsten Roof-Top-Bar Kölns.

6 Groß St. Martin

Die singenden Brüder und Schwestern

St. Martin ist einer der beliebtesten Heiligen im Rheinland. Schließlich ist er der »gute Mann«, der als römischer Offizier seinen Mantel mit einem frierenden Bettler geteilt haben soll und für viele Wunder-Überlieferungen sorgte. Kein Wunder, dass man dem »hellije Zinter Mätes« auch in Köln eine Kirche weihte. Aber der Ort, auf dem Groß St. Martin errichtet wurde, war mal einer anderen Heiligkeit gewidmet – dem Körperkult. Zur Römerzeit wurde unter der heutigen Kirche gebadet und gesportelt: Fitness statt frommem Beten.

2.000 Jahre später dienen die Mauern der Kirche nicht mehr der Körperertüchtigung, sondern als Oase der Stille und des Friedens. Darum kümmern sich mit Hingabe die Brüder und Schwestern der monastischen Gemeinde von Jerusalem, gegründet 1975 in Paris. Heute sind Gemeinden in Europa und Kanada vertreten. Die Brüder und Schwestern leben immer im Herzen der Städte und seit 2009 auch im »heiligen Köln«, als Städter unter Städtern. Dazu gehört auch, halbtags in der Stadt zu arbeiten. Nicht in kirchlichen Berufen, sondern ganz weltlich als Verkäuferin, Lehrerin, Informatiker, Buchhalter oder Arzt – aber immer in der auffälligen Mönchstracht.

Die andere Hälfte des Tages widmen die Mönche der Verehrung Gottes, so auch dem gesungenen Stundengebet, vierstimmig in deutscher Sprache. Morgens, mittags, abends erfüllen die Gesänge die Kirchenhalle. Die Mönche sind nicht allein, Besucher sind herzlich eingeladen, Gläubige wie Touristen verfolgen die ergreifende Darbietung.

Die Frauen und Männer haben ein mönchisches Leben gewählt, aber ohne Klostermauern. Sie wohnen zur Miete in unterschiedlichen Flügeln direkt neben Groß St. Martin, in schlichten Räumen mit nackten Betonwänden. Abends startet um sie herum der Partylärm in den Kneipen, und dann suchen die Mönche die nächtliche »Oase der Stille« auch gerne mal mit Ohropax.

Adresse An Groß Sankt Martin, 50667 Köln, online.jerusalemgemeinschaften.de | **ÖPNV** Bahn 5, Haltestelle Rathaus | **Öffnungszeiten** Di–Sa 11–12.20 Uhr, 15–20 Uhr, So 15–17 Uhr; Teilnahme Liturgie: Di–Sa 7, 12.30, 18 Uhr, So 8, 18.30 Uhr | **Tipp** Unter der Kirche kann man in der Krypta die Überreste des römischen Badetempels bestaunen.

7 Hll. Konstantin-und-Helena-Kirche

Die dreisprachige Sündenerlass-Kapelle

Die kleine Kapelle an dem nach ihr benannten Maria-Ablass-Platz ist das letzte Andenken an eine Basilika aus dem 10. Jahrhundert, der Kirche eines Damenklosters. Diese im Bankenviertel versteckte, rund 500 Jahre alte Maria-Ablass-Kapelle hat einen recht bunten Lebenslauf: Sie wurde gebaut, um ein verehrtes Marienbild zu schützen, das sich vorher an der Außenwand der großen Kirche St. Maria Ablass befand. Hier war im Mittelalter eine der Stationen der Palmsonntagsprozession. Nach der Palmweihe hielt man an St. Maria Ablass vor dem sehr verehrten Marienbild, und den Anwesenden wurden ihre Sünden erlassen – daher auch der Name Maria Ablass.

Nach der französischen Besatzung blieb vom Kloster nur noch die Kapelle stehen, aber mit einigen baulichen Veränderungen. Nach dem Zweiten Weltkrieg wurde sie einige Jahre von der italienischen Gemeinde genutzt, bis sie Ende der 1970er Jahre von der russisch-orthodoxen Kirche übernommen wurde.

Umgetauft in Gemeinde der »Heiligen Konstantin-und-Helena-Kirche« wurde auch das Interieur dem Stil einer russisch-orthodoxen Kirche angepasst: mit zahlreichen Ikonen und der Ikonostase, der Wand, die den Kirchenraum vom Altar trennt. Typisch sind auch die ausgelegten Teppiche und die fehlenden Kirchenbänke. Denn während des Gottesdienstes stehen die Gläubigen in der Zuwendung zu Gott – von Angesicht zu Angesicht.

Seit 2007 gibt es auch in Kalk eine »Russisch-Orthodoxe Kirche außer Landes«. Sie ist dem heiligen Demetrius gewidmet und wurde von einem Griechen gegründet. Vor 80 Jahren hatte dieser im Traum eine Erscheinung: Der Prophet Elias kündigte an, dass der seinerzeit Neunjährige einst in einem fernen Land eine Kirche bauen werde, an einem genau beschriebenen Ort. Diesen fand er Jahrzehnte später tatsächlich in Köln-Kalk.

Adresse Maria-Ablass-Platz 14, 50668 Köln, www.koeln-orthodox.de/auf-deutsch | ÖPNV Bahn 5, 16, 18, Bus 172, 173, Haltestelle Hauptbahnhof | Öffnungszeiten Sa 17–20 Uhr, So 9–13.45 Uhr | Tipp Das gegenüberliegende historische Archiv des Erzbistums beherbergt Schriftgut im Umfang von über 6.500 Regalmetern sowie die Nachlässe von Kirchenbaumeistern wie Rudolph Schwarz und Fritz Schaller. Für Interessierte steht ein Lesesaal zur Verfügung.

8 Hostel Pathpoint Cologne

Die himmlische Herberge

Eine Nacht auf dem Baum, im Iglu oder im Heu? Wer auf der Suche nach einer ungewöhnlichen Schlafstätte ist, kann sich in Köln etwas ganz Besonderes gönnen und in einer Kirche einquartieren.

Als auch die treuen Schäflein der Kreuzkirche weniger und weniger wurden, hat sich die evangelische Gemeinde Kölns zu einer bislang einzigartigen, aber nicht wirklich fernliegenden Umwidmung entschieden – vom Haus Gottes zum Zuhause für Gottes Kinder. So wurde vor zehn Jahren aus der ehemaligen evangelischen Kreuzkirche das neue Hostel »Pathpoint Cologne« für Rucksacktouristen aus aller Welt. Nach dem Umbau warten 34 Zwei- bis Acht-Bett-Zimmer mit 161 Schlafplätzen auf die Backpacker. Für einen frohen und glücklichen Start in den Tag wird ein All-you-can-eat-Frühstück angeboten.

Ohne den Charakter des Hauses zu zerstören, haben die Architekten die Kirche auf links gedreht und eine ganz andere Herberge daraus gemacht: Der Gottesdienstraum wurde zu einem großen Gemeinschaftsraum umgestaltet. Wo früher andächtig gebetet wurde, warten jetzt Computer-, TV- und Leseecke auf die stille Einkehr oder den geselligen Austausch. Für die schmutzige Wäsche steht den Gästen ein Waschsalon und als Quelle für das Frühstücks-, Mittags- oder Abendmahl eine Selbstversorgerküche zur Verfügung. Auf der ehemaligen Kirchenempore stehen nun Sessel, ein Billardtisch und ein Kicker bereit. Nur ein Wandbild und die ungewöhnliche Architektur verweisen noch auf die einst fromme Nutzung.

Nicht nur in der ehemaligen Kirche gibt es Himmlisches zu entdecken – vor der Tür wartet das herrliche Köln: Der Rhein, der Dom und der Hauptbahnhof sind jeweils nur fünf Gehminuten entfernt. Man kann zu Fuß die Sehenswürdigkeiten der Metropole entdecken oder sich ins kölsche Nachtleben stürzen. Das Hostel »Pathpoint Cologne« ist rund um die Uhr geöffnet – für einen allzeit seligen Schlaf.

Adresse Allerheiligenstraße 15, 50668 Köln, www.pathpoint-cologne.jugendherberge.de | ÖPNV Bahn 5, 16, 18, Bus 172, 173, Haltestelle Hauptbahnhof | Öffnungszeiten täglich | Tipp Starten kann man die Tour durch Köln auch in der nahen Weidengasse. Hier ist türkische Ess- und Lebenskultur zu Hause.

9 Madonna in den Trümmern

Das Kriegswunder

Vom Himmel regnet es Bomben, die Innenstadt von Köln fällt wie ein Kartenhaus zusammen. Weit und breit liegt alles in Schutt und Asche, auch die mittelalterliche Kirche St. Kolumba. Wie durch ein Wunder bleibt fast unversehrt mitten im Ruinenfeld eine 500 Jahre alte Marienfigur stehen. Diese »Madonna in den Trümmern« wurde bald als Himmelsfügung betrachtet und von zahlreichen Gläubigen aufgesucht und verehrt. Nach Kriegsende sollte ihr zu Ehren schnell wieder ein Heim errichtet werden. Im Jahr 1950 eingeweiht, blieb es bei dem Namen aus dem Volksmund. Die Kapelle »Madonna in den Trümmern« gilt als der erste eigenständige Sakralbau von Gottfried Böhm, Sohn des Kirchenbaumeisters Dominikus Böhm, dem Begründer der berühmten Architekten-Dynastie.

Das neue Haus für die Madonna erinnert an eine Art Andachtszelt. Hinter dem Altar erhebt sich die geborgene Madonnenfigur, die links und rechts durch die »Engels-Fenster« des Künstlers Ludwig Gies scheinbar himmlisch illuminiert wird.

Einen ganz anderen, dunklen und fast mystischen Eindruck macht der Nebenraum, die Sakramentskapelle. Für diesen Raum hat Gottfried Böhm als Bildhauer eine großartige Skulptur entworfen, einen Kerzenbaum aus Marmor, in der Mitte stehend ein opulentes goldenes Tabernakel der Kunstprofessorin Elisabeth Treskow. Die dahinterliegende Wand von Rudolf Peer zeigt den Kreuzweg, eingemeißelt in Basalt. Ein großflächiges Mosaik aus Trümmerresten im Fußboden verbindet beide Kapellen optisch miteinander.

Dieses sakrale Erstlingswerk eines Baumeisters ist seit fast 15 Jahren in den Bau eines anderen Architekten integriert: Das von dem Schweizer Peter Zumthor entworfene Kolumba-Museum ummantelt seitdem die Böhmsche Kapelle. Aber nach wie vor ist sie einer der meist besuchten Andachtsräume Kölns und wird seelsorgerisch von Franziskaner-Minoriten betreut.

Adresse Kolumbastraße 2, 50667 Köln, www.kolumba.de | **ÖPNV** Bahn 3, 4, 5, 16, 18, Haltestelle Appellhofplatz | **Öffnungszeiten** täglich 9.30–17.30 Uhr, Gottesdienste Mo–Fr 10 Uhr, Sa 18 Uhr, So 9 Uhr | **Tipp** Nur wenige Gehmeter entfernt liegt das Haus mit der Nummer 4711, die Stätte des berühmten kölschen Duftwassers.

10 Marienkapelle

24/7 Dauerbeten

Der Himmel über der Kardinal-Frings-Straße 1 müsste eigentlich in besonders glorreichem Licht erstrahlen. Denn hier befindet sich nicht nur das Maternushaus – das Tagungszentrum des Erzbistums mit 13 Konferenzräumen, Hotel, Restaurant, Clubräumen, Kegelbahn und der Dombibliothek –, sondern auch die zugehörige Marienkapelle.

Das Maternushaus wurde um 1980 gemeinsam mit der Kapelle erbaut. Eingerahmt wird sie durch einen japanischen Garten, als Reminiszenz an die Partnerdiözese Tokio. Die Kapelle ist natürlich das spirituelle Zentrum für das Maternushaus und seine Gäste und steht offen für das individuelle Gebet, die stille Einkehr oder Meditation.

Aber seit ein paar Jahren geht es hier extra-andächtig zu, denn die kleine Kirche des Tagungszentrums ist 2013 zum ewigen Bethaus geworden. Beten, beten, beten von morgens bis morgens. Rund um die Uhr, jeden Tag im Jahr.

Während sich vor der Tür der Kapelle das Geschehen ums Konferieren, Austauschen, Netzwerken, Konferieren dreht, scheinen im Inneren die Zeit und die Welt stillzustehen. Zu allen Tages- und Nachtzeiten kann jedermann in der Maternushaus-Kapelle die geweihte Hostie, das Allerheiligste anbeten. Ins Leben gerufen hat die ewige Anbetung der verstorbene Joachim Kardinal Meisner.

Das ununterbrochene Gebet ist eine alte Tradition der katholischen Kirche. Ab dem 10. Jahrhundert entstand in Klöstern der Brauch, den Leib Christi in Gestalt der Hostie zu verehren. Aus dieser Form entwickelten sich das ewige Gebet und die 24-Stunden-Anbetung. Auch in der Marienkapelle wird der Leib Christi in Form einer geweihten Hostie ausgestellt, künstlerisch eingefasst in ein Triptychon aus Glas, Zinn und Gold.

Gläubige kommen tatsächlich rund um die Uhr von nah und fern und nutzen dieses Angebot – einmalig im Erzbistum, vielleicht sogar bundesweit.

Adresse Kardinal-Frings-Straße 1–3, 50668 Köln | ÖPNV Bahn 5, 16, 18, Bus 172, 173, Haltestelle Hauptbahnhof | Öffnungszeiten täglich 24 Stunden | Tipp Nahe gelegen an der Ecke zur Gereonstraße steht ein bemerkenswertes Denkmal vom Bildhauer Bert Gerresheim – es zeigt das Leben, Wirken und Sterben von Edith Stein (siehe auch Kapitel 18 und 32).

11 Minoritenkirche

Zum gläsernen Jesus

Dem viel zitierten Rat des altgriechischen Künstlers Apelles an einen Schuhmacher, besser bei seinen Leisten zu bleiben und sich nicht einzumischen, ist *dieser* junge Schuster zum Glück nicht gefolgt. Stattdessen hat er sich die Not und Armut seiner Kollegen zu Herzen genommen und zur Lebensaufgabe gemacht. Die Rede ist von Adolph Kolping. Nach ersten mühsamen Jahren im Schuhmacherhandwerk folgte er seiner tatsächlichen Berufung und studierte Theologie. In der Minoritenkirche erhielt er seine Priesterweihe und wurde Rektor der Pfarrei. Schon bald gründete er in Köln den katholischen Gesellenverein, der jungen Menschen in sozialer Not Hilfe und Geborgenheit bot. Bis zu seinem Tod im Jahr 1865 entstehen mehr als 400 Gesellenvereine in Deutschland und Europa.

Im Jahr 1991 wurde Adolph Kolping als Wegbereiter der katholischen Soziallehre seliggesprochen. So ist die vor rund 760 Jahren von den Franziskanerbrüdern erbaute Klosterkirche gleichermaßen ein Wallfahrtsort – denn Tausende pilgern jährlich zu Adolph Kolping, der hier in einem Hochsarg begraben liegt. Das Kolpingwerk finanzierte den Wiederaufbau der Kirche, der nach schweren Kriegsschäden bis 1958 andauerte. Träger des Gotteshauses ist heute der katholische Sozialverband Kolping International, und nach wie vor sind dort auch die Franziskaner-Minoriten tätig.

Anlässlich einer weiteren Sanierung schuf der Düsseldorfer Bildhauer Thomas Kesseler vor zehn Jahren eine lebensgroße Büste Kolpings, die neben dem Grab an der Wand hängt.

Aber ein besonderes Highlight ist das über dem Hauptaltar schwebende, gläserne Jesuskreuz: 4,50 Meter hoch und 650 Kilogramm schwer. Vorder- und Rückseite unterscheiden und ergänzen sich. Mit einer speziellen Schmelzfarbe wurde ein Vexierbild in das Glas gebrannt: Der vordere Teil zeigt den leidenden, der rückwärtige Teil den erlösten Jesus Christus, auch die Inschrift »INRI« (Jesus von Nazareth, König der Juden) wird erst im Durchblick vollständig erkennbar.

Adresse Kolpingplatz, 50667 Köln | ÖPNV Bahn 3, 4, 5, 16, 18, Haltestelle Appellhofplatz | Öffnungszeiten Mo–So 9–18 Uhr | Tipp Nach der sakralen Kunst kann man direkt nebenan »Gebrauchskunst« bewundern: Im Museum MAKK dreht sich alles um die »Kunst der schönen Gestaltung von Alltagsgegenständen«.

12 St. Andreas

Der Ersatz-Dom

Nach Ende des Zweiten Weltkrieges kam die Kirche St. Andreas zu ganz besonderen Ehren und fungierte eine Zeit lang als stellvertretender Dom. Beide Kirchen stehen nur 150 Meter voneinander entfernt, aber im Gegensatz zur berühmten Kathedrale wurde die Andreaskirche bei den Luftangriffen nur leicht beschädigt.

Im »Ersatz-Dom« übernahmen nun die Dominikaner die Seelsorge, denn auch ihr Klostergebäude in der Lindenstraße lag komplett in Schutt und Asche. Für die Zeit des Neubaus zogen die Brüder in einen Anbau des Gotteshauses, das nun auch endlich zur Grabkirche des berühmtesten Ordensmannes werden konnte. Schon 140 Jahre zuvor hatte man die Gebeine des »Theologen-Kirchenlehrer-Naturwissenschaftler-Universalgelehrten« Albertus Magnus nach St. Andreas überführt. Der Architekt Karl Band schuf mit der Neugestaltung der Krypta eine beeindruckende Grablege, und seitdem durfte der »Mann, der alles wusste« in Frieden und Würde ruhen.

Die bereits reich mit Kirchenschätzen ausgestattete Basilika wurde 2010 mit zwölf weiteren Kostbarkeiten gepimpt. Denn dank eines neuen sakralen Trends machen sich die Stars der zeitgenössischen Kunst nach und nach auf den Weg in die »Unsterblichkeit« – mit Werken aus Glas. Gerhard Richters Fenster im Dom, Neo Rauchs Fenster im Naumburger Dom und nun gläserne Kunst aus der Meisterhand von Professor Markus Lüpertz. Die von ihm geschaffenen monumentalen »Tore zum Himmel« tauchen den romanischen Kirchenraum in ein flirrend-buntes Lichtermeer. In den Fenstern leuchten Flammen, Folter, Tod, das Leiden Christi, das Leiden der Machabäer, der Erzengel Michael und auch der Sensenmann. Drastische Bilder, ganz traditionell bleiverglast.

Alles in allem eine Win-win-Situation: Die Künstler nähern sich mit ihren Werken »in göttlicher Mission« dem ewigen Ruhm, und die Sakralkunst kommt aus der Vergangenheit in die Jetztzeit.

Adresse Komödienstraße 4–8, 50667 Köln, www.sankt-andreas.de | ÖPNV Bahn 5, 16, 18, Bus 172, 173, Haltestelle Hauptbahnhof | Öffnungszeiten Mo–So 8–18 Uhr | Tipp Gegenüber von St. Andreas steht auf dem Domplatz eine Kreuzblume als 1:1-Modell der Domspitzen. Sie verdeutlicht die Dimensionen des Doms.

13__St. Gereon

Die Kirche mit Lügendetektor

Die Kirche, die seinen Namen trägt, steht nur wenige Meter von seinem Kopf entfernt. Ein riesiger, abgetrennter Schädel, grau verwittert, acht Tonnen schwer, aus Granit. Die Skulptur des Bildhauers Iskender Yediler ruht auf der Grünfläche vor der Basilika. Ein Mahnmal soll der Kopf des heiligen Gereon sein, das an die Geschichte der Stadt und an den grausamen Tod des Schutzpatrons erinnert: hingerichtet durch Enthauptung, weil er seinem christlichen Glauben treu geblieben ist und sich weigerte, einem vor ihm aufgestellten Götterbild zu opfern.

Schon im 4. Jahrhundert entstand an dieser Stätte der Vorläuferbau der heutigen Gereonskirche. Seinerzeit schon monumental, wurde er rund 600 Jahre später wegen eines Albtraums des legendären Kölner Erzbischofs Anno erweitert. Eine Schar heiliger Männer soll ihn im Schlaf aufgesucht und mit Schlägen gestraft haben, weil er ihren erlittenen Martyrien nicht genug Anerkennung erwiesen hat. Dieser Albtraum initiierte den Ausbau der Kirche. Im Jahr 1227 war sie dann vollendet – mit der größten Kuppel des Abendlandes: oval, vier Stockwerke hoch und jede Etage begehbar.

Über 1.500 Jahre alt, wurde auch diese Kirche im Zweiten Weltkrieg zerstört. Es dauerte allein 40 Jahre, um die Kuppel zu rekonstruieren.

Berühmt für die Historie, berühmt für all die Kirchenschätze, berühmt für die außergewöhnliche, ovale Kuppel, ist St. Gereon auch berüchtigt wegen eines Steins – der sagenumwobenen »Blutsäule«. Dieser nähert man sich besser nicht, wenn man durch Lug, Trug oder Mord schuldig geworden ist. Die Blutsäule steht im Eingangsbereich der Kirche und warnt mit einer Inschrift den Besucher. Als »mystischer Lügendetektor« gehört sie zur Legende des gemeuchelten Gereon, dessen Blut auf ihr gelandet sein soll. Seitdem werden ihr magische Kräfte zugeschrieben – als Rächer des Christen Gereon.

Adresse Gereonsdriesch 2–4, 50670 Köln, www.stgereon.de/kirchen/st-gereon | ÖPNV Bahn 12, 15, Haltestelle Christophstraße/Mediapark | Öffnungszeiten Mo–So 10–18 Uhr | Tipp Nur wenige Gehminuten entfernt erinnert ein ganzer »Bau der menschlichen Schuld« an die Opfer der nationalsozialistischen Terrorzeit: das EL-DE Haus, ehemaliger Sitz der Kölner Gestapo, heute Gedenkstätte und NS-Dokumentationszentrum.

14 St. Kunibert

Die Kinder, die aus dem Brunnen kamen

Die Kölner waren schon immer ein ganz eigenes Völkchen, denn in der Domstadt fallen die Kinder nicht in den Brunnen – sie kommen aus ihm. Nahe dem Rheinufer liegt in 17 Meter Tiefe die Quelle für die Nachkommen der rheinischen Metropole, so die Legende. Dieser Brunnen, auch Kunibertspütz genannt, befindet sich an heiliger Stätte: in der Krypta von St. Kunibert, der jüngsten romanischen Kirche der Stadt.

Heute kann man diesen kultigen Brunnen nicht mehr einsehen, geschweige denn Wasser daraus schöpfen. Im Chorraum vor dem Hochaltar verdeckt seit 1955 eine Schieferplatte vom Bildhauer Elmar Hillebrand den Blick in die sagenumwobene Tiefe. Hier spielte in alten Zeiten die heilige Maria mit den ungeborenen Kindern und fütterte sie, bis ihre Mütter sie am Brunnen abholten. Nicht düster und feucht soll es in dieser vorgeburtlichen Kita gewesen sein, sondern hell und frisch wie in einem paradiesischen Garten. Während anderswo die Babys per Storch ins Haus geliefert wurden, wuchs der kölsche Nachwuchs bis zur Abholung glücklich im Unterirdischen heran. Selbst unfruchtbare Frauen konnten durch den Brunnen ihr Wunder erleben: Ein Becher Brunnenelixier, genossen in einer Vollmondnacht, und der Kindersegen ließ nicht mehr lange auf sich warten.

Man geht davon aus, dass der Vorgängerbau von St. Kunibert genau deswegen über dem Brunnenheiligtum errichtet wurde. Erzbischof Kunibert weihte diese Kirche dem heiligen Clemens und bestimmte sie auch zu seiner künftigen Grabstätte. Als Kunibert ein paar hundert Jahre später selber heiliggesprochen wurde, erwählte man ihn zum Schutzpatron der Kirche.

Den eindrucksvollen Westturm von St. Kunibert kann man erst seit 1993 bewundern. Der erste Turm wurde 1376 ein Opfer der Flammen, ein zweiter wurde mit »Knickhelm« errichtet – und brach 1830 nach einem Orkan. Sein Nachfolger sank nach Bombentreffern im Zweiten Weltkrieg.

Adresse Kunibertsklostergasse 2, 50668 Köln | ÖPNV Bahn 5, 16, 18, Bus 172, 173, Haltestelle Hauptbahnhof | Öffnungszeiten täglich 10–18 Uhr | Tipp Der kleine Park am Konrad-Adenauer-Ufer bietet einen schönen und unverbauten Blick auf die Chorseite der Kirche.

15 St. Ursula

Die Knochen-Souvenir-Kirche

Eine solch hochbetagte Stadt wie jene, die als Colonia Claudia Ara Agrippinensium in die Weltgeschichte einging, bietet auch viele Mythen und Legenden. Und dabei ist die legendärste aller Legenden die der heiligen Stadtpatronin und ihrer 11 bis 11.000 Jungfrauen. Dabei macht die unwesentliche Differenz von 10.989 keuschen jungen Damen das Mysterium erst komplett.

Die Rede ist hier natürlich von der berühmten, heiligen Ursula. Mit ihren 11.000 Jungfrauen soll sie der Sage nach auf dem Rückweg einer Pilgerreise vor den Toren Kölns den Märtyrertod gefunden haben. Niedergemetzelt von den Hunnen, die Köln seinerzeit besetzt hielten. Aus den wahrscheinlich 11 Damen, die Ursula begleitet haben, wurden im Laufe der Zeit 11.000. Manche behaupten, wegen des Lesefehlers einer Inschrift – aber jahrhundertealte Überlieferungen sorgen auch mal für kleinere Abweichungen.

Noch im 4. Jahrhundert wurde zu Ehren der Märtyrerinnen über ihren Gräbern eine Kapelle errichtet. Als man an dieser Stelle dann 800 Jahre später bei Bauarbeiten auf dem sogenannten »Ursula-Acker« tatsächlich ein riesiges Gräberfeld entdeckt, ist der Mythos perfekt. Ein enormer Handel mit den heiligen Knochen entsteht. Aus Holz geschnitzte Büsten, gefüllt mit den Knochen, sind der Kölner Exporthit des Mittelalters. Bis der Papst 1393 das Treiben beendet, sind schon rund 12.000 Ursula-Reliquien im Umlauf. Und so finden sich heute in der Kirche St. Ursula nicht nur der Sarkophag und der goldene Ursula-Schrein, sondern seit 1608 auch die »Goldene Kammer«, bis obenhin gefüllt mit unzähligen Knochen, 122 goldenen und silbernen Büsten mit Kopfreliquien, darunter allerdings auch Männer- und Kinderköpfe.

Zum ewigen Gedenken wird die heilige Ursula Schutzpatronin Kölns. Ihre Legende ziert seit 500 Jahren symbolisch das Stadtwappen. Weil man darauf keine 11.000 Jungfrauen verewigen konnte, wurden es stattdessen wieder elf.

Adresse Ursulaplatz 24, 50668 Köln | ÖPNV Bahn 5, 16, 18, Bus 172, 173, Haltestelle Hauptbahnhof | Öffnungszeiten Goldene Kammer Di–Sa 10–12 und 15–17 Uhr, So 15–17 Uhr | Tipp Vom Schrecken in der Goldenen Kammer kann man sich gleich gegenüber in der »Schreckenskammer« bei dem einen oder anderen Kölsch wieder erholen.

16 Ursulinenkirche St. Corpus Christi

For girls only

Nonnenbunker, Streberschule oder Anstalt für »höhere Töchter« – solche und ähnliche Beinamen kleben seit Ewigkeiten an Kölns einzigem Mädchengymnasium, hervorgegangen aus dem Ursulinenkloster. Als sich die Ursulinenschwestern vor 400 Jahren in Köln niederließen, gründeten sie die erste Mädchenschule Deutschlands. Die Kirche wurde zuletzt gebaut und gab der Kölner Niederlassung einen glanzvollen Rahmen: Der venezianische Architekt Matteo Alberti entwarf die Front, angelehnt an die opulenten Kirchenfassaden seiner italienischen Heimat.

Unbeeindruckt von der architektonischen Pracht und der gottgeweihten Stätte zerstörten die Bomben während des Weltkrieges auch diesen Ort fast völlig – nur die Kirchenfassade blieb in den Ruinen stehen. Nach Kriegsende setzen die Ordensfrauen und ihre Schülerinnen alles daran, um ihre Kirche wieder auferstehen zu lassen.

Heute ist das Prunkstück der wiedererbauten Ursulinenkirche allerdings ein Schatz aus anderen Ruinen – den Kriegstrümmern von St. Kolumba: ein barocker Baldachinaltar, geschaffen um 1717 von niederländischen Bildhauer Johann Franz van Helmont. Nach dem Krieg hatte der erst mal eine Bleibe in St. Gereon gefunden. Marmorne Säulen tragen ein Kuppeldach, neben der Kuppel schweben Engel und halten eine gewaltige goldene Krone.

Fast 400 Jahre nach Gründung schwebt über Schule und Kirche noch immer der Geist der Ursulinen. Allzu viel können sie nicht falsch gemacht haben, auch wenn sie 1989 mangels Nonnen-Nachwuchs die Schulträgerschaft an das Erzbistum übergeben mussten. Seit 2012 haben sogar die Jungs Einlass gefunden – in der angegliederten Ursulinen-Realschule. Die Kirche wird natürlich als Schulkirche genutzt und von der Hochschule für Musik und Tanz als Konzert-, Unterrichts- und Veranstaltungsraum.

Adresse Machabäerstraße 39–47, 50668 Köln | ÖPNV Bahn 5, 16, 18, Bus 172, 173, Haltestelle Hauptbahnhof | Öffnungszeiten Kirche geöffnet zu Schulzeiten, Besichtigung nach Vereinbarung, zusätzliche Veranstaltungen der HfMT Köln siehe www.hfmt-koeln.de | Tipp Die »Maikonzerte Köln«, eine Veranstaltungsreihe der Hochschule für Musik und Tanz, finden traditionell in der Ursulinenkirche statt. Lehrende, Studierende und Gäste der HfMT Köln bringen hier Großartiges zu Gehör.

17 Gubbio-Kirche

Kirche für Menschen auf dem Weg

Von Kriegstrümmern zu den Steinen im Lebensweg: So könnte das Motto der ehemaligen Franziskanerkirche St. Marien lauten. Nachkriegsdeutschland war eine Ruinenlandschaft, in den Städten lagen rund 400 Millionen Kubikmeter Schutt. Auch die ursprüngliche Klosterkirche aus dem Jahr 1894 wurde zerstört. Der Auftrag des Ordens für den Wiederaufbau ging an den Kirchenbaumeister Emil Steffann.

Ganz im franziskanischen Sinne hatte dieser sich einer Architektur der Bescheidenheit, Einfachheit und Sinnhaftigkeit verschrieben. Für ihn war es selbstverständlich, Ruinenreste und Schuttmaterial für seine Kirche zu »recyceln«. So besteht das Mauerwerk innen wie außen aus Trümmerziegeln.

Gegenwärtig wird der Bau nicht mehr als Ordenskirche genutzt, aber von den Franziskanern betreut. Denn seit 2004 hat sie eine besondere Bestimmung: Seelsorge für die Aus-der-Bahn-Geworfenen zu bieten, für Menschen ohne festen Wohnsitz, die zum größten Teil auf der Straße leben und sozial nicht abgesichert sind.

»Gubbio – die Kirche für Menschen auf dem Weg«, so nennt sich St. Marien jetzt. Eingerichtet als offenes Angebot für alle, geschieht die Seelsorge hier durch zuhören, miteinander reden, Ehrfurcht und Respekt erweisen, Halt geben, Trost spenden, miteinander beten, Hilfeeinrichtungen vermitteln, Wege mitgehen, den Lebenssinn aufzeigen. Kurzum: für die Menschen da sein, den Schmerz teilen, ihn aushalten. Das ist die wichtigste Aufgabe der Wohnungslosen-Seelsorger.

Natürlich werden in der Gubbio-Kirche auch Gottesdienste gefeiert, aber hier steht der Altar nicht frontal zum Kirchenraum, sondern diagonal ins Eck gerückt. Über dem Altar schwebt die weiße Taube als Symbol für den Heiligen Geist. Alles in allem ein visionärer und nachhaltiger Entwurf für ein Gotteshaus, geschaffen aus dem Gestern für das Miteinander im Heute.

Adresse Ulrichgasse 27–29, 50678 Köln, www.gubbio.de | ÖPNV Bahn 3, 4, 17, Bus 106, 132, Haltestelle Severinstraße | Öffnungszeiten Di 14–17 Uhr, Mi 17–19 Uhr | Tipp Zuflucht bot vor über 60 Jahren auch ein Betonbau in der Elsaßstraße 42: Der fünfgeschossige Hochbunker konnte in Kriegszeiten über 1.500 Menschen aufnehmen.

18 Josef-Könn-Aula

Im Schatten der Basilika

Unscheinbar duckt sich ein Anbau an die südliche Wand von St. Aposteln, fast so als wolle er sich hinter der großartigen romanischen Basilika verstecken.

Im Bombenhagel des Zweiten Weltkrieges wurde St. Aposteln so massiv zerstört, dass der Wiederaufbau und die Restaurierung fast 30 Jahre dauerten. Als Notkirche diente lange ein provisorisch errichtetes Nebengebäude, das 1955 durch den heutigen Bruchsteinbau ersetzt wurde. Seither bot dieser als sogenannte Werktagskirche Obdach für die Gläubigen. Eine Flügeltür führt von der Basilika in den Innenraum des Anbaus. Hier begibt sich der Besucher auf eine Zeitreise durch den spannenden Kontrast von romanischem Gotteshaus und der Architektur der 1950er Jahre. Großartig ist die monumentale Fensterwand des Raumes: Über die gesamte Fläche inszeniert ein Kunstwerk von Ludwig Gies die Aussendung der Apostel.

Benannt wurde die Werktagskirche nach dem langjährigen Pastor, der von 1935 bis 1960 leidenschaftlicher Seelsorger der Pfarrgemeinde war. Wortgewaltig und zugewandt in seinen Predigten, fanden sich zu den Sonntagsmessen oft tausend Gläubige ein. Als einer der wenigen Priester der Pfarre hat er ein Grab in der Gruft der Basilika.

Im Laufe der Jahre bekam die »kleine Schwester-Kirche« von St. Aposteln nochmals eine neue Bestimmung – vom Kirchen- zum Versammlungsraum. Heute fungiert sie als »Josef-Könn-Aula« insbesondere zum gemeinschaftlichen Genuss von Klangdarbietungen.

Unter dem Namen »PIANO Plus« begeistert eine neue Kammerkonzertreihe seit Herbst 2019 das Publikum. Die aus New York stammende Pianistin Nina Tichmann initiierte in ihrer Wahlheimat Köln ein ausgewähltes Programm mit nationalen und internationalen Künstlern. Durchgeführt werden die Konzerte in einer Kooperation von der Basilika Musik St. Aposteln und dem Rheinischen Kuratorium für Musik e.V.

Adresse Neumarkt 30, 50667 Köln, www.gemeinden.erzbistum-koeln.de/st-aposteln/basilika/rundgang/11-aula.html | **ÖPNV** Bahn 1, 3, 4, 7, 9, 16, 18, Bus 136, 146, Haltestelle Neumarkt | **Öffnungszeiten** zu Veranstaltungen | **Tipp** An der Nordseite steht eine Statue des ehemaligen Bundeskanzlers und Kölner Oberbürgermeisters Konrad Adenauer. Er ist hier im »Veedel« aufgewachsen und zur Schule gegangen.

19 Karmelitinnen-Kloster

Zum Gedenken an die heilige Edith

Die kleine Seitenstraße »Vor den Siebenburgen« ist nicht nur die Adresse des Karmelitenordens, sondern mit dem Edith-Stein-Archiv auch die Gedenkstätte an die von den Nazis ermordete Schwester Teresia Benedicta vom Kreuz. Geboren in Breslau als Edith Stein, verläuft ihr Lebensweg von einer hochbegabten jüdischen Schülerin zur atheistischen Studentin, zur Ordensschwester der Karmelitinnen und zur heiliggesprochenen Katholikin nicht gerade linear und ist ebenso beispiellos wie kurz: Edith Stein lebt bis zu ihrer Vergasung im Vernichtungslager Auschwitz-Birkenau kurze 51 Jahre.

Als ehrgeizige Studentin der Philosophie ist ihre Karriere trotz der mit »summa cum laude« ausgezeichneten Doktorarbeit gescheitert. Denn weiteres Arbeiten an der Universität und auch die Habilitation blieben ihr als Frau verwehrt. Nach weiteren Schicksalskrisen wandelt sie ihr scheinbares berufliches Scheitern in ihre Berufung und begibt sich in eine Gemeinschaft, welche geistiges Arbeiten potenziert: Mit 33 Jahren tritt Edith Stein in den Kölner Karmelitenorden ein.

Von Mitschwestern als offene und sehr humorvolle Frau beschrieben, bleibt Edith auch als Nonne und gelehrte Philosophin weiterhin auf der Suche und findet letztlich – Gott. Ihre abschließende philosophische Schrift ist eine christlich-mystische Lehre von Hingabe und Leiden. Auf der Flucht in Holland, kurz vor der Deportation, erklärt sie testamentarisch, dass sie für jegliche Tötungsart bereit sei.

Ihrer Zeit Lichtjahre voraus wurde sie mit ihrem Werk posthum zu einer der bedeutendsten Glaubenslehrerinnen. Ihr umfassendes philosophisches Gesamtwerk gelang auf abenteuerlichen Wegen wieder zurück ins Kölner Karmel. Gerettet und für die Nachwelt digitalisiert sind diese Schriften seit 2010 im neugebauten Edith-Stein-Archiv und Museum für Studierende und Interessierte aus aller Welt einsehbar.

Adresse Vor den Siebenburgen 6, 50676 Köln, www.karmelitinnen-koeln.de | ÖPNV Bahn 3, 4, 17, Bus 106, 132, Haltestelle Severinstraße | Öffnungszeiten Mo–Fr 9–16 Uhr, telefonische Anmeldung erbeten | Tipp Das Kloster Karmel Maria vom Frieden bietet neben einem Klosterladen, einer Hostienbäckerei und einer Kerzenwerkstatt auch Zuflucht für Einkehrsuchende im Gästehaus.

20 Kartäuserkirche

Lasset uns beeten!

Urban Gardening war schon aktuell, als sich die Kartäusermönche vor 600 Jahren in der Domstadt niederließen. Auch damals schon einer der strengsten Orden der katholischen Kirche, war ihr Dasein geprägt von Einsamkeit, Schweigen und Beten: Askese, um der Welt zu helfen. Als Ausgleich diente nur die Arbeit, insbesondere die Gartenarbeit. Jeder Mönch hatte vor der Zelle seinen Garten, als Ort der Entspannung. Noch heute leben die Kartäusermönche fast genauso wie im Mittelalter.

In Köln haben sich die Zeiten allerdings geändert: 1922 übernahm die evangelische Kirche das Kloster, und von da an dienten die Gemäuer nicht mehr der Abgeschiedenheit, sondern der Zuwendung und der Gemeinschaft.

Aber die Gartentradition der Mönche wurde wiederbelebt. Im Frühjahr 2019 hat die evangelische Gemeinde ein himmlisches Projekt ins Leben gerufen: Urban Gardening im Klosterhof. Inspiriert von den spirituellen Wurzeln hat der Vikar der Kartäuserkirche gemeinsam mit Ehrenamtlichen die Nachbarschaft im Vringsveedel begeistert, im historischen Klosterhof zu gärtnern. Seitdem wird dort wieder fleißig geackert und niedergekniet – vielleicht mit weniger heiligem Ernst, aber mit ganz viel Daseinsfeude.

Hohe Mauern umgeben das Kloster, aber es ist frei zugänglich, und der neue Kartäusergarten soll dem Eindruck der Abschottung auch entgegenwirken. Ein Schild am Klostertor lädt ein: »Lasset uns beeten«. Jeder Besucher, ob mit oder ohne grünen Daumen, ist herzlich eingeladen. Von hier geht es über ein Rosenbeet zum sogenannten »Klein-Galiläa«, dem kleinen Kreuzgang am Gemeindesaal der Kartäuserkirche. Angelegt mit Rosen und bienenfreundlichen Pflanzen, eine besondere Oase in der Südstadt. Im hinteren Teil, den man durch das Gebäude oder über das Kita-Gelände erreicht, findet man den großen Garten mit Bienenstöcken, Obstbäumen, Gemüsebeeten.

Adresse Kartäusergasse 7, 50678 Köln, www.kartaeuserkirche-koeln.de | ÖPNV Bahn 15, 16, Bus 132, 133, Haltestelle Chlodwigplatz | Öffnungszeiten »Klein-Galiläa« mit Kreuzgang und Rosen: jederzeit; hinterer Teil mit Gemüsebeet: Mo – Sa tagsüber | Tipp Fester Termin zum gemeinsamen »Ab in die Kloster-Botanik« ist ab März samstags um 14 Uhr. Im Juni findet hier das »Klosterchilling« statt: eine Lounge Party mit DJ-Sounds im Kartäusergarten.

21 Klein St. Martin

Der Turm ohne Kirche

Es war einmal ein Gotteshaus, das seit fast 200 Jahren nur noch ein Turm ist. Die romanische Kirche Klein St. Martin wurde im Laufe der Jahrhunderte immer mal wieder um-, neu- und ausgebaut und bekam um das Jahr 1460 noch einen neuen Westturm. Die seitdem fünfschiffige, große Hallenkirche prägte das Rheinpanorama und ist sogar auf einer Stadtansicht von 1531 zu sehen. Aber mit den Franzosen in Köln war dann erst mal Schluss mit der Heiligkeit, Klein St. Martin wurde versteigert, umgenutzt und im Jahr 1824 bis auf den Kirchturm abgerissen.

Der Turm beherbergte schon seit 1637 die Glocken aus der Nachbarschaft, der Klosterkirche St. Maria im Kapitol, deren eigener Glockenturm eingestürzt war. Als »Leihturm« fürs Glockengeläut schaffte er es bis in den Zweiten Weltkrieg und fiel dann einem Brand zu Opfer. Als Kulturgut der Stadt und wichtiger Teil des Rheinpanoramas wurde das 50 Meter hohe Relikt von Klein St. Martin wiedererbaut und ist zusammen mit einer kleinen Sakristei wirklich alles, was von der mittelalterlichen Martinskirche übrig blieb.

Ab den 1950er Jahren diente der Kirchturm zunächst als Andachtskapelle und wurde später als »Kinderkirche« für Gottesdienste mit Kindern genutzt.

Seit Anfang der 2000er Jahre kann man dem Himmel dort auf irdische Weise ganz nah sein, denn ein Kölner Kunsthändler hat die ehemalige Kapelle vom Bistum für 100 Jahre gepachtet und umgebaut. Seitdem steht der fünfstöckige Turm vor allem dem Genuss zur Verfügung. Als Lounge-Bar, Galerie und Event-Location buchbar für jeden feierlichen Anlass.

Und so wurde der trutzige Turm im Laufe seines Lebens mehrfach zweckentfremdet: vom Kirchturm zur Glocken-Aushilfsstätte, zum Salzlager, zur Kapelle, zur Kinderkirche, zu Bar, Galerie und Veranstaltungsort. Ein wenig aus der Rolle gefallen – aber Hauptsache, er lebt auch weiterhin bis ans Ende aller Tage.

Adresse Die 1460 Lounge, Pipinstraße 3, 50667 Köln, www.14hundert60.de | **ÖPNV** Bahn 1, 5, 7, 9, Bus 106, 132, 133, 250, 260, 978, Haltestelle Heumarkt | **Öffnungszeiten** Buchung und Veranstaltungen siehe Webseite | **Tipp** Nur weniger Meter entfernt stehen die Überreste von Alt St. Alban. Auch diese Kirche wurde im Krieg bis auf dem Turm zerstört, aber nicht wiederaufgebaut. Der Innenhof der Ruine mahnt als Gedenkstätte an die Zeiten des Krieges.

22 Kunststation St. Peter

Kirche ist Kunst ist Gott ist Kirche

Von allen vier Seiten leuchten Neonschriftzüge vom Turm des mittelalterlichen Gotteshauses St. Peter im Agrippaviertel: Jesus' Botschaft »Sorge Dich nicht!« erstrahlt in Englisch, Deutsch, Lateinisch und Griechisch.

Bis zur Installation dieses Kunstwerks des britischen Turner-Preisträgers Martin Creed an einer katholischen Kirche »in Betrieb« war es kein kurzer und kein einfacher Weg. Und wie so oft begann alles mit Leidenschaft. In Falle St. Peters war es die Hingabe des Priesters, des kunstsinnigen Jesuitenpaters Friedhelm Mennekes. Von 1987 bis 2008 war er der Pfarrer der Kirche und startete sofort mit seinem Herzensprojekt: Er machte aus der Kirche St. Peter auch die Kunststation St. Peter – als Dialog zwischen Glaube und Kunst. Die Kirche ist nahezu frei von Mobiliar und öffnet sich als leerer, spiritueller Ort der jeweiligen Inszenierung. Großartige Aktionen internationaler Künstler lösen einander ab – bis das Erzbistum eingreift und alles in Frage stellt.

Aber seit 2004 sind die Wogen geglättet, und St. Peter darf weiterhin auch im Namen der Kunst dazu einladen, Gott im Schöpferischen zu begegnen. Und so bleibt diese jahrhundertealte Kirche nicht nur lebendig, sondern mit der Botschaft Jesu am Kirchturm auch ein weit leuchtendes Vorbild.

Wem das zu viel Gegenwartskunst ist, der kann die Jesuitenkirche natürlich auch zu den Heiligen Messen aufsuchen. Oder Peter Paul Rubens bewundern. Der berühmte Maler fertigte die »Kreuzigung Petri« als vielleicht persönlichstes Bild kurz vor seinem Tod für St. Peter, die Kirche seiner Kindheit. Seit 2004 hängt die »Kreuzigung Petri« im südlichen Seitenschiff, ist aber zurzeit in Restauration. Aber bald soll sie wieder an ihren Platz zurückkehren.

Bis dahin ist diese »Leerstelle« Anlass für Neues: Mit der Aktion »Replace Rubens« wird Künstlern die Möglichkeit geboten, den Platz auf ihre Weise zu bespielen.

Adresse Jabachstraße 1, 50676 Köln, www.sankt-peter-koeln.de | **ÖPNV** Bahn 1, 3, 4, 7, 9, 16, 18, Bus 136, 146, Haltestelle Neumarkt | **Öffnungszeiten** Mi–So 12–18 Uhr | **Tipp** Das Drei-Kirchen-Einläuten des Sonntags, wenn St. Peter, St. Aposteln und die Antoniterkirche gemeinsam jeden Samstag um 16.45 Uhr den Sonntag einläuten. Dazu läuten allein sechs Glocken von St. Peter. Die große Petrusglocke ist die älteste Kölns.

23 Schönstatt-Heiligtum

Das Serien-Kleinod

Hinter den Mauern der Elendskirche (siehe Kapitel 26) wartet ein heiliges Kleinod, das eine zweihundertfache Besonderheit ist: die Kölner Ausgabe des sogenannten »Schönstatt-Heiligtums«.

Im Innenhof, gleich links neben dem großen Kirchenportal mit dem »Todesrelief«, ist der ganz undramatische Eingang zur kleinen Andachtsstätte. Von außen wirkt das Ganze eher wie ein Anbau der Elendskirche als eine Kapelle. Aber im Inneren ist sie eine Nachbildung des Ursprungs-Kapellchens in Schönstatt und gleicht allen anderen weltweit vertretenen Schönstatt-Heiligtümern.

Schon vor über 100 Jahren erkannte ein junger Seelsorger, dass die Kirche für viele Menschen seiner Zeit kaum mehr als eine lästige Pflicht geworden war. Der leidenschaftlich engagierte Pater Josef Kentenich wollte den christlichen Glauben wieder in die Herzen zurückbringen, im Einklang mit dem alltäglichen Leben. Er war geistlicher Begleiter in einer Klosteranlage in Schönstatt bei Vallendar in Rheinland-Pfalz und gründete dort eine erste Reformbewegung, aus der später die sogenannte Schönstattbewegung entstand. Eine kleine Kapelle innerhalb der Klosteranlage wurde zum Gründungsort. Kentenich sah in seiner Initiative nicht nur eine spirituelle, sondern auch eine pädagogische Bewegung, in der es um den freien Menschen geht, der sich mit Hilfe Gottes verwirklicht.

Die weitere Entwicklung gab ihm recht. Heute ist die Schönstatt-Bewegung in über 40 Ländern vertreten, und weltweit gibt es 200 Kapellen, die der Ursprungskapelle, dem Urheiligtum, nachempfunden sind.

Seit 1934 ist »Schönstatt« auch in Köln verwurzelt, zunächst in einer Seitenkapelle von St. Gregorius. Beim Wiederaufbau nach dem Zweiten Weltkrieg ließ der Architekt Karl Band 1963 eine eigenständige »Schönstattkapelle« anbauen. Seitdem ist sie nun »eine von vielen« – ein schlichtes und demütiges Zeichen dafür, dass Gott auch im Kleinen Großes bewirken kann.

Adresse An St. Katharinen 5, 50678 Köln | **ÖPNV** Bahn 3, 4, 17, Bus 106, 132, Haltestelle Severinstraße | **Öffnungszeiten** Mo–So 10–18 Uhr | **Tipp** Ein Kölner Karnevalslied wurde sogar zur deutschen »Hymne«: »Heidewitzka, Herr Kapitän« spielte man beim ersten Staatsbesuch des Bundeskanzlers Konrad Adenauer in Chicago. Ein nahe gelegener Platz ehrt mit einem Brunnendenkmal den Schöpfer Karl Berbuer und sein »Müllemer Böötche«.

24 St. Cäcilien

Street-Art für die Ewigkeit

Manchmal kommt der Ruhm auch aus der Sprühdose. Allerdings ist die Zahl der Graffiti, die es vom illegalen Spraywerk bis zum Denkmalschutz geschafft haben, wahrscheinlich einstellig. Einer der Urheber wäre der unbekannte Künstler mit dem Pseudonym »Banksy«, ein anderer trieb vor 40 Jahren erst in Zürich sein Unwesen und kam dann in der Domstadt zu Ruhm und Ehren.

Die Strichzeichnungen, die Harald Naegeli in den 70er Jahren in seiner Schweizer Heimat an den Hauswänden hinterließ, waren sein künstlerischer Protest gegen das monotone und biedere Stadtbild. Das kam in Zürich weniger gut an. Einer Haftstrafe entzog er sich durch Flucht, aber ein internationaler Haftbefehl sorgte dann doch für einen sechsmonatigen Aufenthalt hinter Gittern. Danach blieb ihm nichts anderes als der Umzug in tolerantere Breiten. Im Kölner und Düsseldorfer Asyl fand er bald in deutschen Politikern und Künstlern Bewunderer seines Schaffens.

1980 entstand der »Kölner Totentanz«, eine Serie aus mehreren hundert Graffitis an Betonpfeilern, Tiefgaragen, Fabrikruinen und öffentlichen Bauwerken. Von diesem Zyklus des heute 80-jährigen, weltweit renommierten Künstlers blieb nur das Skelett an der Kirchenfassade von St. Cäcilien. 1989 nochmals erneuert, steht das Werk heute unter Denkmalschutz. Dank Naegeli kann man Kunst seitdem auch auf den Außenwänden des Gotteshauses bewundern.

Im Inneren beherbergt die Kirche seit dem Jahr 1956 das Museum Schnütgen mit einer der bedeutendsten Sammlungen christlicher Kunst vom Frühmittelalter bis zum Barock. Einzigartig ist natürlich der über tausend Jahre alte Ausstellungsraum: Die Stille und Aura der prachtvollen Kirche geben den Werken noch mal eine ganz besonders spirituelle Magie.

Die Kirche, die zum Museum wurde, wird auch wieder zur Kirche, wenn am Jahrestag der heiligen Cäcilie und zu Weihnachten die Messfeiern stattfinden.

Adresse Cäcilienstraße 29, 50667 Köln, www.museum-schnuetgen.de | **ÖPNV** Bahn 1, 3, 4, 7, 9, 16, 18, Bus 136, 146, Haltestelle Neumarkt | **Öffnungszeiten** Di, Mi, Fr–So 10–18 Uhr, Do 10–20 Uhr | **Tipp** Wer von der Epoche keinen blassen Schimmer hat, dem sei die Führung »Mittelalter für Einsteiger« empfohlen, jeden ersten Donnerstag im Monat um 18 Uhr.

25 St. Georg

Judas zum Dank

Judas Thaddäus war einer der zwölf Apostel – genauso wie Judas Iskariot. Der eine ging als Heiliger in die Christengeschichte ein, der andere als Verräter. An den Erstgenannten richten weltweit viele Gläubige ihre Sorgen und Bitten. So auch in Köln: In der Vorhalle von St. Georg steht er, der heilige Judas. Auf der Wand dahinter überall Votivtafeln mit Dankesworten, die an den Heiligen gerichtet sind. »Dank für Examen«, »In Dankbarkeit und Verehrung«, »Dank für Hilfe in großer Not«. Überall stößt man auf Dankesbezeugungen als Zeichen für die Erhörung vieler Bitten und Ausdruck lebendigen Glaubens. Seit frühesten Zeiten galt der heilige Judas Thaddäus als Nothelfer bei aussichtslosen, verzweifelten Anliegen.

Die tausend Jahre alte Kirche ist allerdings einem anderen Heiligen geweiht: St. Georg, der drachentötenden Märtyrer-Legende, dem Mutigen im Kampf von Gut gegen Böse.

Wie der heilige Georg musste auch die Kirche im Laufe der Jahrhunderte so manches überstehen. Mitte des 19. Jahrhunderts blieb sie wegen Einsturzgefahr geschlossen, 1927 drohte sie wieder zusammenzubrechen, im März 1945 großteils zerstört und »wiederauferstanden« nach dem Krieg – bis zum Einsturz des nahen Stadtarchivs 2009 durch die Arbeiten des umstrittenen U-Bahn-Baus. Die Bohrungen haben ihr schwer zugesetzt. Mehrfache umfangreiche Sanierungen sollen den Bau für die Nachwelt erhalten.

Vielleicht halten sogar beide Patrone ein Schutzschild über das romanische Gotteshaus, das nicht nur lebendige Pfarrkirche ist, sondern auch Heimat der Seelsorge für Hörbehinderte. Seit Jahrzehnten gestalten hier Gehörlose, Schwerhörige und Hörende gemeinsam das kirchliche Miteinander.

Man feiert Gottesdienste mit technischen Hörhilfen, das Wort Gottes wird auch in Gebärdensprache vorgetragen. Höhepunkte sind die Auftritte des eindrucksvollen Gebärdenchors, der Lieder ausschließlich in Gebärdensprache vorträgt.

Adresse Georgsplatz 17, 50676 Köln, www.georg-koeln.de | ÖPNV Bahn 3, 4, 17, Bus 106, 132, Haltestelle Severinstraße | Öffnungszeiten Mo–So 8.30–18 Uhr | Tipp Der Hermann-Josef-Brunnen am Waidmarkt wurde 1894 vom »Kölner Verschönerungsverein« gestiftet und zeigt die Legende des »Apfelheiligen« Hermann Joseph von Steinfeld (siehe auch Kapitel 28).

26 St. Gregorius am Elend

Die Privatkirche

Die sogenannte Elendskirche verdankt ihren Namen einer unwürdigen Begräbnisstätte. Schon vor 700 Jahren nannte man den Ort am Arnold-von-Siegen-Sträßchen den »Elendigen Kirchhof«, denn hier wurden heimatlose, fremde, arme und alle andersgläubigen Toten nicht begraben oder bestattet, sondern notdürftig verscharrt.

Nach dem kölschen Motto »Et es, wie et es« nahm man das Ganze als gegeben hin. Bis ein Einwanderer dem erbärmlichen Treiben ein Ende bereitete. Jakob de Groote gehörte zu einem Adelsgeschlecht aus Flandern. Ende des 16. Jahrhunderts mussten die strenggläubigen Katholiken aus ihrer protestantischen Heimat fliehen und fanden in Köln ein neues Zuhause. Als Religionsflüchtlinge waren sie nahezu mittellos, kamen aber nach kurzer Zeit zu neuem Reichtum und hohem Ansehen. Dankbar und mit großem Engagement kümmerte sich die Familie fortan auch um soziale Missstände.

Als Jacob de Groote eines Tages mitansehen musste, wie ein Hund an den Knochen eines kurz zuvor »Beerdigten« nagte, ließ er den Friedhof mit einer Mauer versehen und die Gebeine der Elendigen ordnungsgemäß begraben. Außerdem sorgte er gemeinsam mit seinem Bruder Everhard für den Wiederaufbau einer Kirche, damit man zukünftig mit Gottes Segen ruhen konnte.

Und so entstand um 1770 auf dem »Elendigen Kirchhof« die Elendskirche. Geweiht wurde sie dem heiligen Papst Gregorius. Nicht nur der Beiname »am Elend« gedenkt der armen Seelen, auch ein Relief am Portal erinnert bis heute an das unausweichliche Schicksal aller Lebenden: »Der Triumph des Todes« zeigt ein Skelett, das sich aus dem Sarg erhebt – offensichtlich der Papst selber, denn es trägt die Tiara und den Bischofsstab.

Die im niederländischen Barockstil erbaute Kirche ist bis heute im Privatbesitz der Familie de Groote und wurde im Krieg fast völlig zerstört. Das Relief mit dem »Triumph des Todes« aber blieb erhalten.

Adresse An St. Katharinen 5, 50678 Köln, www.st-gregorius.koeln | **ÖPNV** Bahn 3, 4, 17, Bus 106, 132, Haltestelle Severinstraße | **Öffnungszeiten** jeden 1. So im Monat 12 Uhr »Messe für Ausgeschlafene«; weitere Termine siehe Webseite | **Tipp** Das »Kunsthaus Rhenania« im Rheinauhafen war früher Getreidelager und ist heute Kulturzentrum für Film, Fotografie, Medienkunst, Malerei, Skulptur, Literatur, Musik, Tanz, Performance.

27 St. Johann Baptist

Der schiefe Turm von Köln

Anders als beim berühmten Wahrzeichen von Pisa, dem Campanile, der schon während der Bauphase seitwärts kippte, stand die Kirche St. Johann Baptist bereits acht Jahrhunderte, bevor sich der Turm im Jahr 2004, nur kurz nach Baubeginn der Kölner Nord-Süd-Stadtbahn, bedenklich zur Seite neigte. Und so geriet der 44 Meter hohe Kirchturm von St. Johann Baptist für einige Zeit als »Schiefer Turm von Köln« in die Schlagzeilen. Er hatte sich innerhalb weniger Stunden um fast 80 Zentimeter geneigt, nachdem ein Versorgungsschacht unter der Kirche angelegt wurde. Aus dem Gleichgewicht geraten, blieb auch die Kirchturmuhr stehen. Gefährlich schief, drohte der Turm auf die Wohnhäuser und die Severinsbrücke zu stürzen. Um dies zu verhindern, wurde er mit Stahlkonstruktionen abgestützt und die Hohlräume unterhalb des Fundaments mit Beton aufgefüllt.

Der Legende nach soll Galileo Galilei bei Versuchen, die er am Turm von Pisa durchführte, die Gesetze des freien Falls entdeckt haben. Dagegen haben die Verantwortlichen in Köln aus dem bedrohlichen Vorfall nicht viel gelernt, denn als sich drei Monate später – auch wegen des U-Bahn-Ausbaus – Teile der Gewölbedecke der Kirche St. Maria im Kapitol lösten und man im Sommer 2007 feststellte, dass sich der Rathausturm gesenkt hatte, zog man keine maßgeblichen Konsequenzen. Zur Katastrophe kam es dann endgültig 2009, als das nur 200 Meter entfernte Historische Stadtarchiv einstürzte und zwei Todesopfer forderte.

Der schiefe Turm von Köln blieb der Domstadt nicht als weiteres Wahrzeichen erhalten. Laut einem Gutachten hätte er zwar ungefährdet stehenbleiben können, aber man entschied sich für eine Wiederaufrichtung. Nur ein Jahr später wurde der unfreiwillig berühmte Kirchturm kontrolliert in Millimeter-Schritten wieder angehoben. Für die Kosten in siebenstelliger Höhe musste die Versicherung der Kölner Verkehrsbetriebe aufkommen.

Adresse Severinstraße 189, 50678 Köln, www.crux-koeln.de | ÖPNV Bahn 3, 4, 17, Bus 106, 132, Haltestelle Severinstraße | Öffnungszeiten zu Gottesdiensten | Tipp Heute ist die Kirche katholisches Jugendpastorales Zentrum, also Jugendkirche. Unter einem Dach finden sich hier die Crux-Kirche, das Crux-Café und Veranstaltungsräume. Und zu Weihnachten ein besonderes Highlight, die Lego-Weihnachtskrippe.

28 St. Maria im Kapitol

Die heiligen Äpfel vom Heumarkt

Seit Menschengedenken muss man aus den unterschiedlichsten Gründen immer wieder Opfer bringen. So auch vor 900 Jahren, als sich ein kleiner, bettelarmer Junge namens Hermann täglich auf den Weg machte, um Maria und ihr Jesuskind in der großen Kirche St. Maria im Kapitol zu besuchen. Aber und abermals legte er den beiden andächtig sein Äpfelchen zu Füßen – aus Dank für ein erhörtes Gebet.

Als der kleine Hermann wieder einmal hingebungsvoll vor ihnen niederkniet, soll sich Maria der Legende nach zu ihm gebeugt haben, um das Geschenk für ihr Kind entgegenzunehmen. So eindrücklich in seinem Glauben bestätigt, tritt Hermann im Alter von zwölf Jahren in das Eifeler Kloster Steinfeld ein. Auch hier macht er weitere mystische Erfahrungen, und es bleibt bei der innigen Marienverehrung, sodass seine Mitbrüder ihm schon bald den Beinamen »Joseph« geben.

Tief spirituell und als lebensfroher Rheinländer überall beliebt, stirbt er mit über 90 Jahren an einer Stelle, die er vorhergesehen hatte. Sofort nach seinem Tod beginnt die Verehrung, das Kloster wird zum Wallfahrtsort. Seit dem Jahr 1701 steht sein Sarkophag im Mittelgang der Kirche. Auch heute finden sich nicht nur Äpfel an der berühmten Marienstatue in St. Maria im Kapitol, sondern auch 60 Kilometer entfernt zu Füßen des heiligen Hermann Joseph.

So sorgte die Kölner Kirche mit ihrer besonderen Madonna für den Weg eines Heiligen. Wie allerdings die sogenannte »Zint Märjensripp« oder auch »Rippe der heiligen Maria« den Weg nach St. Maria im Kapitol gefunden hat, ist nicht überliefert. Die sehenswerten Knochen, die im Seitenschiff über einem Beichtstuhl hängen, sind monströs und nicht menschlich – sie stammen aus dem Brustkorb und Kiefer eines Grönlandwals. Wie der Wal allerdings in diesem Gotteshaus landete und warum seine Gebeine der heiligen Maria zugeschrieben werden, bleibt ein weiteres kölsches Mysterium.

Adresse Kasinostraße 6, 50676 Köln, www.maria-im-kapitol.de | ÖPNV Bahn 1, 5, 7, 9, Bus 106, 132, 133, 250, 260, 978, Haltestelle Heumarkt | Öffnungszeiten Mo–Sa 9–18 Uhr, So 12–18 Uhr | Tipp Das Gabelkreuz wurde vor 1312 geschaffen und gilt als eines der ältesten dieser besonderen Kreuzform.

29 Epiphaniaskirche

Die geliftete Sixties-Kirche

Aufblasbare Möbel, stilvolle Bungalows, plakative Muster – das waren die Designsymbole der 60er Jahre. Die evangelische Epiphaniaskirche im Stadtteil Bickendorf kommt zwar nicht im psychodelischen Look daher, aber ihr Ursprung liegt in den Sixties, entworfen vom Kölner Architekten Paul Olpp.

50 Jahre nach ihrer Einweihung musste der Bau deutlich wachsen, denn die Kirche am Erlenweg sollte zukünftig zum Zentrum einer Gesamtgemeinde werden für die Jugendarbeit der Pfarreien Bocklemünd, Vogelsang, Ossendorf und Bickendorf.

Mit dem Konzept »Aus Alt mach Neu mach weit« gewann das Architekturbüro Lepel & Lepel den Wettbewerb und »beamte« die Kirche ins nächste Jahrtausend. Dabei hat man den Charme des Alten bewahrt und mit Neuem kombiniert, das Gotteshaus durfte sich wortwörtlich entfalten. Die Giebelwände wurden in die Höhe gezogen, eine sechs Meter hohe Glasfront wurde vor die Längsfassade gesetzt und öffnet die Kirche nun einladend zum Vorplatz. Die ursprüngliche Fassade blieb so erhalten und wurde zur Innenwand mit Durchblick in den Kirchenraum. Und dieser hat eine Kehrtwende gemacht: Der Altar ist umgezogen und steht vor dem Lichtspiel der riesigen, künstlerischen Buntglas-Fensterfront. Durch diese »kleine« Änderung bekam der Raum eine ganz andere Ausstrahlung.

Die Epiphaniaskirche wurde aber nicht nur optisch neu in Szene gesetzt, sondern auch akustisch. Denn seit 2015 steht auch endlich ein unüberhörbares »Ausrufezeichen« auf dem Vorplatz – der Glockenturm. Dieser ist damals von Paul Olpp zwar geplant, aber wegen Geldmangel nie gebaut worden. Knapp 50 Jahre lang blieb es bei einer sehr verschwiegenen Kirche. Nun darf ihr der Turm als stilvoll läutende Betonskulptur zur Seite stehen. Und so wurde, ganz wie gewünscht, aus einem kleinen, eher in sich gekehrten Gotteshaus ein offenes, einladendes Kirchenzentrum.

Adresse Erlenweg 39, 50827 Köln, www.gemeinde-bickendorf.de | ÖPNV Bahn 3, 4, Haltestelle Akazienweg | Öffnungszeiten Di–Fr 9–11 Uhr | Tipp Bei Sommerwetter lädt die Gemeinde freitags zum Dämmerschoppen – Grillparty für alle auf dem Platz vor der Epiphaniaskirche.

30 St. Dreikönigen

Die expressionistische Kirche

»Express yourself!« oder »Sei ausdrucksstark!« – das war das Credo deutscher Architekten von 1918 bis zum Ende der 1920er Jahre. Bloß nicht mehr gefällig bauen wie im Jugendstil oder neobarock und pompös-repräsentativ wie zu Kaisers Zeiten. Allerdings ist dieser expressionistische Baustil hauptsächlich ein deutsches Phänomen gewesen und prägte so die architektonische Phase der »Moderne«. Auffällig ist der Hang zum Gesamtkunstwerk, zum Konstruierten und die Begeisterung für das Monumentale. Aus dieser kreativen Aufbruchsenergie gingen landesweit visionäre Entwürfe hervor. Auch die Stadtplanung nahm Fahrt auf, nicht nur in Fritz Langs Film-Meisterwerk »Metropolis«, das eine monumentale futuristische Stadt zum Leben erweckt.

Durch die große Wohnungsnot nach dem Ersten Weltkrieg mussten ganze Stadtteile aus dem Hut gezaubert und geplant werden: Auch in Bickendorf entstand mit der Rosenhofsiedlung ein neues Quartier, aufgelockert durch Plätze und Grünflächen, zu dem auch eine Reihe von Läden und eine katholische Kirche gehörten.

Die den Heiligen Drei Königen geweihte Kirche wurde von 1928 bis 1929 nach Plänen der Architekten Hans Peter Fischer und Heinrich Forthmann erbaut. Weiß verputzte Kuben stapeln sich in die Höhe und werden vom schmalen Turm der Kirche noch mal überragt. Neben den aufgetürmten weißen Wandflächen überraschen die spitz zulaufenden Fenster in den Fassaden, die wie Schwerter Richtung Himmel weisen.

Im Januar 2019 feierte die denkmalgeschützte St. Dreikönigin ihr 90-jähriges Jubiläum. Bei der Einweihung im Januar 1929 aber fehlte ein wichtiger Gast – der vielbeschäftigte Kölner Oberbürgermeister Konrad Adenauer bat um Verständnis: »Zu meinem lebhaften Bedauern ist es mir in Folge anderweitiger, dringender Inanspruchnahme nicht möglich, den Feierlichkeiten beizuwohnen. Ich bitte daher, mich gütigst entschuldigen zu wollen …«

Adresse Weißdornweg 91, 50827 Köln, www.gemeinden.erzbistum-koeln.de/kath-kirche-bios/page/unsere-kirchen/st._dreikoenigen/ | ÖPNV Bahn 3, 4, Haltestelle Akazienweg | Öffnungszeiten zu Gottesdiensten | Tipp Auch die Siedlung rund um die Kirche – erbaut im Stil der »neuen Sachlichkeit« – gilt als bemerkenswertes Bauzeugnis der 1920er Jahre und steht als gesamte Anlage unter Denkmalschutz.

31 Edith-Stein-Kapelle

Die Kellerladen-Kirche

Aus Alfred wurde Lukas, als aus dem Absolventen der Kunstakademie Berlin ein Ordensbruder der Benediktinerabtei Maria Laach wurde. Aus Mitgefühl für seine Mitmenschen hatte sich Alfred Ruegenberg 1951 entschieden, das Ordensgelübde abzulegen. Und von seinem Ordensgelübde zum Orden des Bundesverdienstkreuzes im Jahr 2006 war es ein intensiver Weg.

Jeder in Bilderstöckchen kennt Bruder Lukas. Der mittlerweile 92-jährige Benediktinermönch prägt seit 47 Jahren die Atmosphäre der Siedlung an der Alzeyer Straße. Als Begründer des Jugendclubs »Lucky's Haus«, des legendären Vereins »Kellerladen« und vielen weiteren Initiativen hat er sich mit seinem sozialen Engagement mehr als verdient gemacht.

Bestätigung, Anerkennung und Mitgefühl für alle um ihn herum, das gab es von Bruder Lukas seit den 1970er Jahren, als er nach Köln »versetzt« wurde. Bis heute pendelt er von seinem Atelier im Eifeler Kloster noch zu seinem »Arbeitsplatz« in Bilderstöckchen, kümmert sich, gibt Rat – mittlerweile der dritten Generation. Mit Worten sei nicht zu beschreiben, was der Mann alles bewegt hat, so das Lob seiner Freunde und Weggefährten.

Der »Kellerladen« führt seit den 1980er Jahren auch Hilfsgütertransporte in bedürftige Regionen Osteuropas durch, organisiert und begleitet von Bruder Lukas. Zum Dank für den Schutz auf diesen Reisen wurde auf sein Betreiben eine kleine Kapelle im Veedel gebaut. Selbstverständlich eigenhändig, mit gestiftetem Material und zusammen mit allen aus der »Bilderstöckchen-Familie«. In das Mauerwerk sind Steine eingelassen, die an die jährlichen Transporte erinnern. Der Altarstein ist ein Findling aus dem Bergdorf Lipowez in der Ukraine. Ein anderer Stein stammt aus dem Konzentrationslager Auschwitz-Birkenau, wo die Kölner Karmelitin Edith Stein als konvertierte Jüdin 1942 ermordet wurde. Ihr wurde die Kapelle geweiht.

Adresse Alzeyer Straße 5, 50739 Köln, www.kellerladen-ev.de | **ÖPNV** Bus 121, 127, 140, 147, Haltestelle Am Bilderstöckchen | **Öffnungszeiten** nach Absprache zu Bürozeiten, Tel. 0221/1701596 | **Tipp** Der Blücherpark ist die grüne Oase des Veedels, eine historische Parkanlage mit prächtigen Alleen, Blumengarten, Kahnweiher samt Bootshaus und Biergarten, Tennisplätzen und Spielplatz.

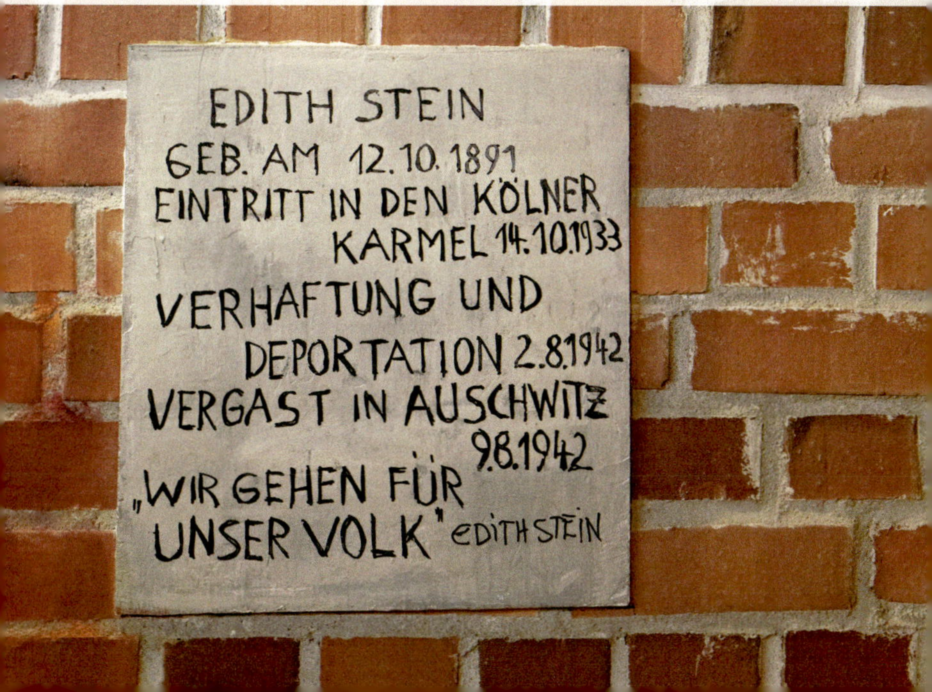

32 Nathanaelkirche

Von Gott gegeben

Mitten im Kreuzungsgetümmel von Escher Straße und Parkgürtel steht ein Geschenk Gottes: die Nathanaelkirche. Das nach dem Jünger Nathanael benannte Gotteshaus wurde 1965 für die evangelische Gemeinde in Bilderstöckchen erbaut, die bisher nach Weidenpesch ausweichen musste.

Nathanael ist ein hebräischer Name und bedeutet übersetzt »von Gott gegeben« oder auch »Geschenk Gottes«. Nathanael war nach dem Johannes-Evangelium einer der ersten Jünger, die von Christus berufen wurden. Die Auserwählten waren in ihren Charakteren so unterschiedlich wie normal – also ehrgeizig, missgünstig und auch untereinander verzankt. Der Namenspatron für die evangelische Kirchengemeinde in Bilderstöckchen galt als grundehrlicher und mit seinem Wesen bestimmt auch mal aneckender Typ. Und ob gewollt oder nicht, findet sich das durchaus im Bau der Kirche wieder. Denn so, wie sich der Architekt der benachbarten katholischen Kirche im Runden ausgetobt hat, fokussierten sich Hans Berger und Jürgen Hartmann als Baumeister der evangelischen Kirche auf das Eckige: Kantig, vertikal, horizontal, dreieckig – die Nathanaelkirche ist architektonisch der komplette Gegenentwurf zu dem Haus der Katholiken.

Die Kirche und einige der Gemeinderäume und der Gemeindesaal haben einen sechsseitigen Grundriss. Die Giebelfassade ist komplett verglast und in sich geknickt – zwei Dreiecke, die zusammenlaufen. Der Fokus im Innenraum der Kirche ist auf den dunkelroten Altar ausgerichtet. Das Fenster hoch über dem Altar, knapp unter dem Dachfirst, ist ein Quadrat mit zwölf verschachtelten, kleineren Luken. Dieses Fensterarrangement soll symbolisch für Jesus Christus mit seinen zwölf Aposteln stehen.

Der freistehende Glockenturm kam zehn Jahre später dazu: Eine markante Skulptur mit drei spitz zulaufenden Säulen trägt das Glockengeläut für einen dreistimmigen Ruf in die Gemeinde.

Adresse Escher Straße 160, 50739 Köln, www.nathanael.kirchekoeln.de | **ÖPNV** Bahn 13, Haltestelle Escher Straße | **Öffnungszeiten** Mo–So 14–17 Uhr | **Tipp** Jeden Freitag von 16 bis 19 Uhr kann man in der Geldernstraße 109 echt kölsche »Tropfen« probieren: In der »Pittermanns Destillerie« werden seit 2016 feinste Edelbrände, Liköre und sogar Whisky destilliert.

33__St. Franziskus

Die sakrale Burg

Was so putzig klingt, hatte einen düsteren Hintergrund: Das Heiligenhäuschen, das dem Stadtteil vor rund 50 Jahren seinen verniedlichenden Namen »Bilderstöckchen« gab, wurde nach Überlieferungen aus Dankbarkeit errichtet, weil der Kölner Norden von der Pest verschont geblieben war. 500 Jahre nach dem »Schwarzen Tod« breitete sich Köln weiter in sein Umland aus, und so entstand um den alten Bildstock aus dem 16. Jahrhundert ein ganz neues Viertel.

Allerdings fehlte in diesem Teil der Stadt dann eine Kirche für die katholische Gemeinde. Lange behalf man sich mit Notunterkünften, bis 1957 endlich ein Architekt mit dem Kirchenbau beauftragt wurde: Hans Schilling, einer der bedeutendsten Nachkriegs-Baumeister der Stadt, versuchte stets mit seinen Entwürfen auch »Neues aus Altem« zu schaffen. Material wurde zweitverwendet, und die Bauten nahmen besondere Gestalt an. Schon lange planten die Architekten keine Gotteshäuser mehr nach dem Prinzip Turm-plus-Schiff-gleich-Kirche. Für St. Franziskus in Bilderstöckchen schlug Hans Schilling mit dem Zirkel einen Kreis, und daraus entstand der Entwurf für eine ungewöhnliche Kirche. Komplett aus Backsteinziegeln errichtet, rund statt eckig, wird auch der Eingang flankiert von zwei halbrunden Türmen – angelehnt an den Eingang der berühmten Wallfahrtskirche des Schweizer Architekten-Kollegen Le Corbusier.

Die runde Fassade hat einen Mantel, die Mauer ist dreidimensional durch ein Ziegelrelief vom Bildhauer Willi Strauß aufgelockert. Der Kircheninnenraum ist beeindruckend: Man fühlt sich umarmt, die rundgemauerte Ziegelwand reicht bis knapp unter die Decke. Durch ein umlaufendes Fensterband fällt das »himmlische Licht« herein.

Neben dem Eingang steht eine Miniaturausgabe von St. Franziskus. Ursprünglich als Taufkapelle errichtet, wird sie heute auch als Werktagskirche genutzt.

Adresse An Sankt Franziskus, 50739 Köln, www.kirche-im-veedel.de | ÖPNV Bus 121, 127, 140, 147, Haltestelle Am Bilderstöckchen | Öffnungszeiten zu Gottesdiensten; Kapelle Mo–Fr 10–5 Uhr | Tipp Der Bilderstock, der dem Viertel seinen Namen gab, steht an der Kreuzung Longericher Straße/Am Bilderstöckchen.

34 St. Katharina von Siena

Die quergestreifte Frau

Mit dem Gute-Laune-Klassiker »Ruut-wieß-blau querjestriefte Frau« der Kölschrock-Band BAP hat die katholische Kirche in Blumenberg wohl wenig zu tun, aber gute Laune verbreitet sie trotzdem. Vollendet wurde das sakrale Streifen-Meisterwerk im Jahr 2003 von Nikolaus Bienefeld nach den Plänen des verstorbenen Vaters Heinz Bienefeld.

Geweiht ist die Kirchengemeinde der heiligen Katharina von Siena. Im 14. Jahrhundert war sie als wundertätige Nonne die wichtigste Ratgeberin der Päpste, hingebungsvolle Kümmerin der Armen und Kranken, heiliggesprochen kurz nach ihrem Tod. In Italien gilt sie als größte Frau der Kirchengeschichte.

An dem ihr gewidmeten Gotteshaus in Köln-Blumenberg ist nichts so, wie man es kirchenlandläufig erwartet. Aber das Unerwartete ist wiederum gar nicht so weit hergeholt: Wo man anderenorts vom Kirchenschiff spricht und damit den Raum vor dem Altar meint, ist in Blumenberg das Kirchenschiff wirklich ein Kirchen-*Schiff*. Angelegt an der Schneebergstraße 63. Man betritt dieses Schiff über die Bug- oder Heckseite, der Boden ist um rund zwei Meter tiefergelegt. Man fühlt sich im Bauch sehr geborgen, Licht kommt von oben und durch die beiden Eingänge. Ein magisches Ambiente, ein Ort voll Ruhe und Schönheit. Der Altar steht an einer Längsseite, davor in fünf Halbkreisen getischlerte Kirchenbänke.

Die acht Meter hohen Wände sind innen wie außen in Schichten gestreift: Beton in zwölf Farbtönen, der durch Zugabe von Steinen, Quarz und Kiesel unterschiedlich gefärbt ist – eine Interpretation eines Bibeltextes. In der Offenbarung des Johannes heißt es, dass die Mauern des heiligen Jerusalem auf zwölf Steinen ruhen.

So gar nicht bunt gestreift, sondern homogen und vierkantig aus Backsteinen erhebt sich der Kirchturm weithin sichtbar. Optisch erinnert er mit seinen roten Ziegeln an den Rathausturm von Siena, der Geburtsstadt der heiligen Katharina.

Adresse Schneebergstraße 63, 50765 Köln, www.pankratius.info/Kirchen/st.-katharina-von-siena | ÖPNV Bahn S 6, S 11, Haltestelle Blumenberg | Öffnungszeiten zu Gottesdiensten | Tipp Der nahe gelegene Worringer Bruch ist ein 164 Hektar großes Naturschutzgebiet – und der tiefste Punkt von Köln.

35_Christi Geburt

Die Origami-Kirche

So vielfaltig der Bau, so einzigartig der Name: In Deutschland scheint es nur eine Kirche zu geben, die der Geburt von Jesus Christus geweiht ist. Ende der 1960er Jahre wurde mit dem Kirchenbau in der jungen Siedlung Bocklemünd-Mengenich begonnen, und 1972 wurde sie eingeweiht.

Geknickt, drapiert, gefaltet – so kommt das Gotteshaus daher, fast wie ein Origami-Kunstwerk. Origami ist die Kunst des Papierfaltens. Der Begriff kommt aus dem Japanischen, aber die ersten Origami-Figuren entstanden wahrscheinlich im alten China, wo man schon vor mehr als 2.000 Jahren Papier herstellte. Zeitlich passt das ja wiederum »fast« mit Christi Geburt. Nach welchem Masterplan auch immer orientierten sich die irdischen Bauarbeiten für die katholische Kirchenanlage an den Entwürfen des Hamburger Architekten Eduard Frieling.

Neben einem Kirchengebäude entstanden auch Pfarrhaus und Schwesternwohnungen, Kindergarten, eine Seniorentagesstätte, Jugend- und Pfarrheim und eine Pfarrbücherei. Alle Gebäude gruppieren sich um einen kleinen Platz, aber die Kirche ist durch ihre aufgetürmte Eisberg-Form der optische Mittelpunkt. Der Grundriss orientiert sich zur Spitze eines Fünfecks, dort steht natürlich der Altar mit einem dramatischen Chorbild im Fokus des Geschehens. Dieser Innenraum mit den unterschiedlichen Deckenhöhen erzeugt ein dynamisches und abwechslungsreiches Ambiente. Das Oben und Unten – der Backstein-Fußboden und die Holzdecke – geben dem Ganzen Harmonie und Geborgenheit.

Die Seitenwände werden von leuchtendem Blau durchbrochen und in Szene gesetzt: die Fenster in der Kirche und in der Beichtkapelle sind Glaskunst von einem der bedeutendsten Glasmaler der Nachkriegszeit. Die Werke des verstorbenen Künstlers Ludwig Schaffrath verschönern Kirchen im In- und Ausland und verleihen auch dem Gotteshaus in Bocklemünd-Mengenich einen besonderen Glanz.

Adresse Wilhelm-Löhers-Platz 4, 50829 Köln, www.christi-geburt-koeln.de | **ÖPNV** Bahn 3, Haltestelle Görlinger Zentrum | **Öffnungszeiten** Do 9.30–12 Uhr und zu den Gottesdiensten | **Tipp** Die Christi-Geburt-Pfarre hat eine eigene Kegelbahn, mietbar mit oder ohne Getränkeabnahme.

36 St. Joseph

Sankt Zickzack

Vom Kirchensterben war Ende des 19. Jahrhunderts noch keine Rede. Im Gegenteil: Kirchen fehlten, sie wurden inständig herbeigewünscht und von extra gegründeten Kirchenbauvereinen mit Spenden finanziert. So auch in Braunsfeld: Entlang der Aachener Straße in Köln-Lindenthal entstand auf den Ländereien des Ziegelbauunternehmers Ferdinand Braun ein neuer Stadtteil, und im Jahr 1906 konnte dank der Zuwendungen auch die lang ersehnte Kirche eingeweiht werden. Von 1924 bis 1937 wurde der spätere Kölner Erzbischof Josef Frings Pfarrer dieser jungen Gemeinde. Allerdings ist die Kirche nicht dem Kölner Ehrenbürger geweiht, sondern dem berühmtesten Ziehvater der Geschichte.

Der als Basilika errichtete Bau wurde im April 1944 komplett zerstört. Die heutige St.-Josef-Kirche entstand in den 1950er Jahren nach Plänen von Rudolf Schwarz und Josef Bernard. Während viele der früh entstandenen Nachkriegskirchen oft Altbewährtes aufgriffen, schufen die Architekten mit dem Neubau für die Braunsfelder Gemeinde einen für die damalige Zeit wegweisenden Ort. Von außen ist die Kirche durch die Y-förmigen Betonträger, die wabenförmigen Fenster und vor allem durch die weithin sichtbare, offene Betonskulptur des Glockenturmes geprägt. Wegen der ungewohnten Fensterlinien hieß die Kirche in den ersten Jahren auch »Sankt Zickzack«.

Die Architekten haben das Kirchenschiff als »klaren, männlich-keuschen« Raum geplant – als Reminiszenz an den Namenspatron. Und so war der Innenraum ursprünglich farblich sehr zurückhaltend. Aber Ende der 1960er wurde bunte Glasfensterkunst von Georg Meistermann ergänzt. Der Künstler schuf zeitlebens ein bedeutendes Werk von tausend Glasfenstern an rund 250 Orten in ganz Europa.

In der Weihnachtszeit kehrt sogar Kardinal Frings wieder zurück in seine Kirche: Dann steht er am Altar, als Teil einer großen Krippe.

Adresse Braunstraße 32, 50933 Köln, www.kirche-im-leben.de | ÖPNV Bahn 1, 7, Bus 172, 173, Haltestelle Maarweg | Öffnungszeiten Di–So 10–17 Uhr | Tipp »Büdchen« gibt es viele in Köln, aber das Köski Royal an der Ecke Kitschburger Straße ist einmalig schön: Hier gibt es statt »Kippen und Bier« köstliches Gebäck, Chutneys und hauseigene Kaffeeröstungen.

37 St. Thomas Morus

Der Turm des Anstoßes

Konsequent und unbeugsam, nur dem persönlichen Gewissen verpflichtet: Was vor 500 Jahren für den britischen Märtyrer Thomas Morus galt, scheint auch auf die ihm geweihte Pfarrgemeinde zuzutreffen.

Seit Längerem hatte die Pfarre nur einen Schuppen als »Notkirche«. Ein Kirchenneubau war sogar genehmigt, und der Architekt stand in den Startlöchern, aber das Projekt scheiterte erst mal an internen Querelen. Lange und heftig war die Notwendigkeit eines Kirchturms diskutiert worden. Ein Großteil war der Meinung, man solle das Geld lieber den Armen geben. Erst nach einer geheimen Abstimmung wurde letztlich für einen Turm gestimmt. Theoretisch hätte man nun loslegen können – aber der Architekt Fritz Schaller musste noch einige Extrarunden drehen. Und so kam es, dass einer der bedeutenden Nachkriegs-Kirchenbaumeister für den Entwurf nochmals ganze 13 Vorschläge machen musste, bevor es von der »unbeugsamen« Gemeinde ein Okay gab.

Auch 67 Jahre nach der Einweihung ist der »umstrittene« Turm optisch und akustisch bemerkenswert: Verborgen unter dem verschieferten Faltdach erklingen volltönig vier Glocken. Neben dem seitlichen Turm hat Fritz Schaller mit der Kirche ein »Zelt Gottes« geschaffen: außen Backstein und viel Schiefer, innen Geborgenheit durch Beton und Holz. Gemeinsam mit seinen Architekten-Kollegen der »Kölner Schule« war Fritz Schaller einer der wesentlichen »Retter der Seele der Stadt« und hat mit zehn Kirchen maßgeblich zum sakralen Wiederaufbau beigetragen.

Die behütende Form des Kirchenbaus scheint heute noch zu einem starken Zusammenhalt der Gemeinde beizutragen. Und die Verbundenheit zum Namenspatron zeigt sich auch in dem Baum, der vor der Kirche gepflanzt wurde. Es handelt sich dabei um einen »Morus«, einen Maulbeerbaum. Dieser ist ein Ableger jenes Maulbeerbaumes, den Thomas Morus in seinem Londoner Garten gepflanzt hatte.

Adresse Decksteiner Straße 5, 50935 Köln, www.st-stephan-koeln.de/gemeinde/unsere-kirchen/kirche-st.-thomas-morus | ÖPNV Bahn 7, Bus 136, Haltestelle Brahmsstraße | Öffnungszeiten zu Gottesdiensten | Tipp Von hier ist es nur ein kurzer Fußweg zu einem kleinen verwunschenen »Park« mit besonderer Atmosphäre: dem seit Langem stillgelegten Friedhof Deckstein.

38 Kulturkirche Ost

Die Kulturdenkmal-Kirchen-Pyramide

Aus einer Waldung wurde eine Siedlung, als aus dem Buchenforst bei Mülheim der Stadtteil Buchforst entstand. Über hundert Jahre alt, bietet Buchforst heute vielleicht weniger Grün, aber dafür umso mehr Baudenkmäler. Neben der »Weißen Stadt« und dem »Blauen Hof« ist in den 1960er Jahren ein besonderes Kirchen-Juwel entstanden. Entworfen vom Architekten-Duo Georg Rasch und Winfried Wolsky kann man in der Kopernikusstraße die Auferstehung Christi erleben.

Nach dem Motto »Weniger ist mehr« haben die Architekten mit einfachen Formen und Materialien das Thema Wiederauferstehung perfekt in Szene gesetzt: Der Pyramiden-Bau strebt dem Himmel entgegen. Dreieckige Betonwände fügen sich in der Spitze zusammen, nur ein kleines Band bleibt als Fuge. Das dort einfallende Licht erzeugt eine ganz eigene sakrale Atmosphäre.

Auch im Kircheninneren haben die Architekten ganz bewusst auf Gestaltungsakzente verzichtet. Nichts sollte vom Raum und seiner Ausstrahlung ablenken. Die Pyramidenform und die kunstvolle Lichtführung machen die Auferstehungskirche zu einem Gesamtkunstwerk – das international als großartiges Beispiel evangelischer Kirchenarchitektur der Nachkriegszeit gilt.

Geplant und gebaut für die evangelischen Christen, wurde es allerdings auch in der Pyramiden-Kirche immer leerer, und letztendlich musste die Gemeinde den Standort 2005 aufgeben. Aber als Kulturkirche Ost durfte die Auferstehungskirche im Jahr 2012 tatsächlich wieder auferstehen. Die GAG Immobilien AG übernahm 2008 die Trägerschaft, restaurierte den Bau und etablierte ihn mit einem renommierten kulturellen Angebot als lebendigen Veranstaltungs-, Begegnungs- und sogar weiterhin als Gottesdienstort.

Wieder in den Originalzustand der 1960er Jahren versetzt, begeistert die Kirche heute nicht nur internationale Architektur-Fans, sondern Kulturliebhaber aus dem ganzen Rheinland.

Adresse Kopernikusstraße 34, 51065 Köln, www.kulturkirche-ost.de | ÖPNV Bahn 3, Bus 159, 171, Haltestelle Waldecker Straße | Öffnungszeiten zu Veranstaltungen und Gottesdiensten | Tipp Hier lohnt sich ein Spaziergang durch den »Blauen Hof«. Die erste der denkmalgeschützten Bauhaus-Siedlungen von Riphahn und Grod entstand im Karree zwischen Hertz-, Dortmunder, Kasseler und Waldecker Straße.

39 St. Petrus Canisius

Die Bauhauskirche

Die weiße Kirche in der »Weißen Stadt« ist nicht nur die einzige Bauhaus-Kirche Kölns, sondern auch die einzige Kirche, an der sich gleich fünf Architekten-Legenden des 20. Jahrhunderts verewigten.

Vor über 100 Jahren erhielt der Kölner Baumeister Wilhelm Riphahn den Auftrag für die Siedlung Bickendorf. 15 Jahre später sollten er und sein Partner Caspar M. Grod erneut einen Stadtteil planen, und so entstand aus einem Laubwald das Viertel Buchforst mit den Siedlungen »Blauer Hof« und »Weiße Stadt«.

Nach dem Ersten Weltkrieg entwickelte sich Riphahns Architekturstil konsequent in Richtung Bauhaus. Während die Wohnanlage in Bickendorf eher kleinstädtisch daherkam, setzten er und Grod in Buchforst auf eine moderne Bauweise. Sie entwarfen das neue Stadtviertel im sogenannten »Internationalen Stil«, also einer europäischen, modernen Architektur der 1920er Jahre. Typisch dafür sind die schnörkellosen, zweckmäßigen Formen. Nach dem Credo »form follows function« sollten die Gebäude praktisch sein und die Ausstrahlung sachlich. Prägnant in beiden Siedlungen sind die Reihen fünfgeschossiger Mehrfamilienhäuser mit breiten Grünflächen. Passend zur Wohnanlage entwarfen die Architekten die katholische Pfarrkirche gleich mit.

St. Petrus Canisius erhebt sich in Formen und »Nichtfarben« des neuen Bauens: schlicht und elegant – eine Kirche mit viel Licht, viel Klarheit. Zeitlos minimalistisch ist das katholische Gotteshaus heute eines der bedeutendsten modernen Sakral-Relikte aus der Zeit zwischen den beiden Weltkriegen. Aber auch sie wurde kriegszerstört. Um den Wiederaufbau kümmerten sich weitere legendäre Kölner Kirchenbaumeister: Dominikus Böhm und Sohn Gottfried Böhm.

Nummer fünf in der Reihe der »Glorious Architects« wurde Maria Schwarz, die in den 1990er Jahren die jetzige Innenraumgestaltung plante und ausführte.

Adresse Eulerstraße 2, 51065 Köln, www.clemens-mauritius.de/allekirchen/st-petrus-canisius | ÖPNV Bahn 3, Bus 159, 171, Haltestelle Waldecker Straße | Öffnungszeiten zu Gottesdiensten | Tipp Rund um die Kirche steht sie auch heute noch – die »Weiße Stadt«. Sie galt seinerzeit als Paradebeispiel des neuen Bauens.

40 St. Theresia

Der göttliche Kreis

Schon vor 860 Jahren stand in Buchheim eine katholische Kirche – für deren Gemäuer aber seinerzeit noch kein Baumeister aus der Architekten-Dynastie Böhm am Werk war. Diese erste Kirche Buchheims, die romanische Alt St. Mauritius, ist heute Friedhofskapelle. Den Dienst als Gotteshaus für die Katholiken übernahm 1896 die neu erbaute St. Mauritius. 60 Jahre später wurde eine weitere Filial-Kirche eingeweiht, St. Theresia.

Wie so vieles vom Zeichenbrett der Böhm-Architekten ist die Buchheimer Kirche natürlich auch kein nullachtfünfzehn Sakralbau. Von oben wirkt sie eher wie ein Sonnenschirm auf einem Kaltgetränk. Der runde Kirchenbau ist keine Neuerfindung aus der Zeit nach dem Zweiten Weltkrieg, sondern nimmt Bezug auf frühchristliche Andachtshäuser, als man sich mittig um einen Altar versammelte.

Geweiht ist sie einer jungen Französin: Geboren 1873 in der Normandie, starb Theresia bereits mit 24 Jahren. Als gütige und menschenliebende Ordensfrau wurde sie schon kurz nach ihrem Tod heiliggesprochen und zu einer der beliebtesten Heiligen der katholischen Kirche. Die Namenspatronin wacht über den Bau und beschützt jeden Eintretenden. Ihre bronzene Skulptur steht auf dem Portal der verglasten Vorhalle, durch die man die Rotunde betritt.

Entstanden in den 1950er Jahren ist St. Theresia ein frühes sakrales Werk Gottfried Böhms, bei dem er den Baustoff Beton an nur wenigen Stellen eingesetzt hat. Stattdessen werden zwei Materialien gleichwertig gegenübergestellt: Die massiven, aus Ziegelstein gemauerten Rundwände an der Eingangs- und Altarwand stehen neben den vollverglasten Wandsegmenten im Norden und Süden des Kreises.

Das Raumerlebnis wird von den Glaswänden beherrscht: Sie zeigen vom Boden bis zur Raumdecke Motive und Szenen aus der biblischen Märtyrer-Geschichte der »Drei Jünglinge im Feuerofen«, entworfen von Gottfried Böhm und Heinz Bienefeld.

Adresse An St. Theresia 6, 51067 Köln, www.clemens-mauritius.de/allekirchen/st-theresia | **ÖPNV** Bus 159, Haltestelle Mülheimer Ring | **Öffnungszeiten** zu Gottesdiensten | **Tipp** Das Hofgut Haus Herl ist der älteste Bau Buchheims und die älteste Wasserburg Kölns.

41 Hl. Johannes XXIII.

Die Kirche mit der Friedensglocke

Friede sei mit euch: Am ersten Sonntag jeden Monats wird es Zeit für das friedliche Abendgebet vor der Kirche Heiliger Johannes XXIII. Meist kommen an die hundert Menschen zusammen, um gemeinsam mit dem katholischen Gemeindepfarrer, dem Priester der St.-Dimitrios-Gemeinde, dem Vertreter der DITIB Chorweiler und vielen anderen Glaubensgemeinschaften und Gläubigen für ein friedliches Miteinander zu beten. Chorweiler ist sehr multireligiös geprägt, Tür an Tür leben hier an die 110 Nationen zusammen.

Egal wer im Mittelpunkt des persönlichen Glaubens steht, ob Allah, Gott, Adonai, Buddha, Brahma – wir sind alle nur Menschen, die glauben, auch an ein Leben in Eintracht und Harmonie.

Eingeläutet wird dieser monatliche »Abendfrieden« im wahrsten Wortsinn von einer Kirchenglocke. Vor einigen Jahren wurden die Chorweiler Bürger auf dem Pariser Platz Augen- und Ohrenzeugen ihrer Geburt. Pastor Ralf Neukirchen von der katholischen Kirchengemeinde ließ sie an Ort und Stelle gießen. Mönche des Klosters Maria Laach hatten die Form vorbereitet, und nun stand ein Ofen bereit, um das Metall zu schmelzen. Anlass war die Heiligsprechung von Papst Johannes XXIII. im April 2014, die mit einem Friedensfest gefeiert wurde.

Neben der Glocke setzt der Abendfrieden mit der »Chorweiler Friedenserklärung« ein gemeinsames Zeichen für ein harmonisches Zusammenleben trotz unterschiedlicher Herkunft, Kultur, Religion und Überzeugungen. Und damit dies nicht nur vor Ort in der »Neuen Stadt« passiert, kann man die Friedensglocke auch ausleihen: Sie ist mobil und für jede Kirchengemeinde bundesweit zum friedensbringenden Einsatz bereit.

Der Kirchenbau von Hans Schilling aus den 1970er Jahren tritt als solcher in den Hintergrund, ist aber als Stätte dieser großartigen Bewegung umso mehr Verkünder ihres Namenspatrons, dem Friedenspapst Johannes XXIII.

Adresse Pariser Platz, 50765 Köln, www.gemeinden.erzbistum-koeln.de/pfarrgemeinde_papst_johannes_XXIII | ÖPNV Bahn S 6, S 11, 15, Bus 120, 121, 122, 123, 125, 126, Haltestelle Chorweiler | Öffnungszeiten zu Gottesdiensten | Tipp Hoch hinaus geht es am Weichselring im »Canyon Chorweiler«, Chorweilers Kletterhalle.

42__Christengemeinschaft

Die Kirche der neuen Wege

Die »Kirche der neuen Wege« liegt an einem uralten Weg – dem Mauspfad. Der Name des Weges hat vermutlich weniger mit kleinen grauen Nagetieren zu tun, sondern ist wohl eher vom Wort »Maut«, also Wegzoll abgeleitet. Denn der Mauspfad ist ein früher Handelsweg und Teil des mittelalterlichen rechtsrheinischen Wegenetzes. Wegen auffällig vieler Gräberfunde entlang des Pfades wird vermutet, dass der Wegverlauf schon in der Eisenzeit vorhanden war.

Auf einem dieser Grabhügel wurde im Jahr 2005 das neue Gemeindezentrum für die Christengemeinschaft Köln-Ost eingeweiht. Professor Peter Busmann, der in Köln auch die Philharmonie und das Museum Ludwig mit den wogenden Wellen-Dächern entworfen hat, ist der Baumeister der ungewöhnlichen Kirche. Für das sakrale Haus der Christengemeinschaft ließ er sich von den Bauformen der romanischen Kirchen in der Domstadt inspirieren. Wie St. Maria im Kapitol ist der Grundriss für die Kirche der Christengemeinschaft ein sogenannter Drei-Konchen-Chor – also ein Raum, der in ein dreiblättriges Kleeblatt mündet.

Das Bauwerk mit den geschwungenen Rundungen und der weithin rot leuchtenden Fassade macht den Hügel zu einem besonderen Hingucker, das ganze Ensemble wirkt wie in die Umgebung gemalt. Vom warmen Rot taucht man im Inneren der Kirche in sanftes Flieder ein: Der komplette Gottesdienstraum erstrahlt in violetten Pastelltönen. Lila gilt als spirituelle Farbe, vom Christentum bis zum Buddhismus, und verleiht dem Ort tatsächlich etwas Erhabenes.

Die Christengemeinschaft basiert auf den Lehren der Anthroposophie und nennt sich auch »Bewegung für religiöse Erneuerung«. Gegründet vor 100 Jahren auf Anregungen Rudolf Steiners wirkt sie seitdem als selbstständige christliche Kirche für ein »zeitgemäßeres« Christentum. Die Christengemeinschaft ist heute in über 30 Ländern vertreten und zählt um die 35.000 Mitglieder.

Adresse Hauswiesenweg 1, 51069 Köln, www.cg-koeln-ost.de | ÖPNV Bahn 3, 18, Haltestelle Dellbrücker Mauspfad | Öffnungszeiten zu Gottesdiensten | Tipp Im Straßenbahnmuseum Thielenbruch kann man an die 20 »Personenbeförderungs-Antiquitäten« bewundern.

43 Eduardus-Krankenhaus-Kapelle

Das Fenster zum Himmel

In der Antike war der Tempel auch ein Ort des Heilens: Aufgesucht von den Kranken, um dort die Nacht zu verbringen, in der Hoffnung, dass die Götter sie von ihren Leiden erlösen. Heutzutage sind Krankenhäuser die beste Herberge für Heilung. Und in vielen Kliniken findet man auch göttlichen Beistand – in angeschlossenen Kirchen oder Kapellen.

So auch im Deutz: Das Eduardus-Krankenhaus wurde 1926 als »Deutzer Klinik« eingeweiht – zunächst als chirurgisch-orthopädische Anstalt – und während des Zweiten Weltkriegs als Zentrum für Unfall-Orthopädie genutzt. Ständig weiter ausgebaut, ist es heute ein Allgemeinkrankenhaus mit jährlich um die 10.000 stationären Patienten. Mit den Modernisierungen und Neubauten »entfernte« sich die ursprüngliche Klinikkapelle immer weiter von den Patientenbetten. Ein Besuch zum Gebet, für Dank und Besinnung wurde für viele nahezu unmöglich. Um diesen wichtigen spirituellen Ort räumlich wieder ins Zentrum zu rücken, entschied man sich für die Einrichtung einer neuen Kapelle im Innenhof des Klinikkomplexes.

Diese Kapelle ist ein besonderer Hort der Geborgenheit. Das Architektenteam um Wilhelm Schulte aus Köln entwarf ein besinnliches Refugium: Wie zwei schützende Hände bilden zwei gemauerte Halbkreise einen runden Raum. Anders als in den langen, geraden Fluren in der Klinik fühlt man sich beim Betreten sofort behütet, der Innenraum strahlt Wärme und Zuversicht aus: geöltes Eichenparkett, braune Klinkerwände, eine Sichtbetondecke mit spannender Lichtinszenierung – und als besonderer Blickfang ein blauer Altar des Kölner Künstlers Walter Prinz.

Der Höhepunkt ist aber das Fenster zum Himmel: Ein ovaler Durchbruch in der Betondecke direkt über dem Altar öffnet den Raum für das himmlische Licht und den himmlischen Segen.

Adresse Custodisstraße 3–17, 50679 Köln, www.eduardus.de | **ÖPNV** Bahn 3, 4, Haltestelle Suevenstraße | **Öffnungszeiten** Tag und Nacht für Patienten und Mitarbeiter | **Tipp** Ums Eck an der Deutzer Freiheit bietet das »Heimisch-Café« mit regionalen Speisen und Getränken alles, was man braucht, um sich heimisch und wohlzufühlen.

44_Kirche Entschlafung der Gottesmutter

Die unkaputtbare Kirche

Versteckt und unscheinbar duckt sich eine wahre »Stehauf-Kirche« in den Schatten des ehemaligen Lufthansa-Gebäudes. Vor über tausend Jahren erbaut, durchlief sie eine Dauerschleife von Zerstörung und Wiederaufbau – bis zur letzten Rekonstruktion in den 1970er Jahren. Abtei und Kirche wurden über die Jahrhunderte immer wieder zum Schauplatz von kriegerischen Auseinandersetzungen, weil die Lage um Deutz von strategischer Bedeutung war.

Die ursprünglich monumentale Basilika diente dem Benediktinerorden als Abteikirche, später wurde sie als katholische Pfarrkirche genutzt. Nach dem Wiederaufbau und der Renovierung ist sie nun seit über 30 Jahren das Gotteshaus der griechisch-orthodoxen Gemeinde. In den Aufbruchsjahren nach dem Zweiten Weltkrieg zog es viele Griechen in die deutschen Industrieregionen, so auch nach Köln. In der neuen Heimat fanden sie Arbeit, aber man braucht auch ein geistliches Zuhause, um heimisch zu werden. Übergangsweise konnten die Gottesdienste zunächst in der Ursulinenkirche und später in der Kirche des Melatenfriedhofs gefeiert werden. Erst 1994 ging es in die eigenen Kirchenräume, und aus der historischen Kirche Alt St. Heribert wurde die Kirche der Entschlafung der Gottesmutter. Für die orthodoxen Christen steht Maria über allen Heiligen, weil sie von Gott zur Geburt und Menschwerdung des Sohnes auserwählt war. Ikonen zeugen von der großen Marienverehrung ebenso wie von der Anbetung von Propheten, Aposteln und Heiligen aus der Christengeschichte als Stellvertreter Gottes.

Die heutige Ausstattung der wandlungsfähigen Klosterkirche ist der Nutzung durch die griechisch-orthodoxe Gemeinde angepasst und brachte ganz neuen Glanz: Der Innenraum beeindruckt mit zahlreichen vergoldeten Ikonen und üppigen Schnitzarbeiten an der Ikonenwand zum Altarbereich und der gesamten Bestuhlung.

Adresse Urbanstraße 1, 50679 Köln, orthodoxie-koeln.de | ÖPNV Bahn 1, 7, 9, Haltestelle Deutzer Freiheit | Öffnungszeiten Mo–So 16–19 Uhr | Tipp Vor der Kirche lädt der »Historische Park Deutz« – ein Bodendenkmal. Auf dem Gelände entstand vor 1.700 Jahren das römische Kastell Divitia. Der Hauptteil der Mauerreste befindet sich unter der Kirche St. Heribert.

45 St. Nikolaus

Das Kloster vom Ritter Heidenreich

Dünnwald war einmal »Das Dorf zum Donewald« oder auf Hochdeutsch »Das Dorf zum Dünenwald« – ein Forst, entstanden aus einer Rheindüne. Der Legende nach soll sich in diesem Waldidyll vor fast 900 Jahren ein Wunder zugetragen haben: In einer einsam gelegenen, alten, verfallenen Kapelle stand ein Bildnis von Jesus, fast vermodert wie die Kapelle selber. Scharen frommer Wallfahrer pilgerten zu diesem kleinen Andachtshaus. Eines Tages stürzte Ritter Heidenreich, verfolgt von Feinden, in die Kapelle. Einer seiner Verfolger missachtete den heiligen Ort und hob das Schwert zum tödlichen Streich. Doch als das Schwert niedersaust, trifft es statt des Ritters das Bild des Erlösers und bricht entzwei. Entsetzt flüchten die Angreifer aus der Kapelle. Voller Dank stiftete der Ritter Heidenreich diesem Ort im Jahre 1117 ein prächtiges Kloster.

Über viele Jahrhunderte war das Dünnwalder Kloster ein wirtschaftliches und kulturelles Zentrum. Viele wurden hier in der Landwirtschaft und im Handwerk ausgebildet oder fanden eine Arbeitsstelle in den klösterlichen Gütern.

Zwischenzeitlich zum Nonnenstift eingerichtet, galt es schnell als erste Adresse für adelige, unverheiratete Damen und wurde mit eingebrachten Schenkungen und Zuwendungen sehr vermögend, bis dass die Nonnen das Kloster durch die Not des Dreißigjährigen Krieges wieder an die Leitung des Prämonstatenserordens zurückgeben mussten.

Durch die französische Besatzung erfolgte um 1800 die Aufhebung des Klosters. Die Kirche stand nun der alleinigen Nutzung der Dünnwalder Pfarrgemeinde zur Verfügung, bis heute können die katholischen Gläubigen im historischen Gemäuer von St. Nikolaus die Messe feiern. Und wer als Besucher einfach innehalten, Momente der Stille genießen oder die Kirchenschätze des Ortes studieren möchte, ist eingeladen in das heilige Haus des Ritters Heidenreichs vom Donewald.

Adresse Prämonstratenserstraße 55, 51069 Köln, www.katholische-kirche-duennwald.de | **ÖPNV** Bus 155, 156, 157, Haltestelle Klosterhof | **Öffnungszeiten** Di, Do, Sa, So 14–18 Uhr | **Tipp** Die Wisente sind neben Wildschweinen, Dam- und Muffelwild die Stars im Wildpark Dünnwald.

46__Tersteegenkirche

Das Kirchlein am Bächlein

Der murmelnde Mutzbach fließt über 15 Kilometer von Odenthal Richtung Leverkusen. Vorbei am Waldbad und dem Wildpark schlängelt sich das Bachbett in Dünnwald auch malerisch hinter der evangelischen Tersteegenkirche entlang. Vor dieser Kulisse entstand kurz vor dem Zweiten Weltkrieg die Kirche für die evangelische Gemeinde, geplant und errichtet vom Architekten Otto Schönhagen. Der Bau sollte sich als Dorfkirche harmonisch in die Umgebung einfügen, und dem Anspruch wird die Tersteegenkirche auch 80 Jahre später noch gerecht.

Durch die niedrigen Maße, die Form und die weiß verputzten Wände wirkt die Kirche wie ein einladendes Haus aus den 30er Jahren. Sie steht rechtwinklig zur Straße, der nur zwei Geschosse hohe Turm ist der Repräsentant des Baus. Das dreistimmige Geläut zog erst 1951 ein, und noch mal 16 Jahre später konnte die Orgel erstmalig erklingen – dank etwas Trickserei: Wegen der engen Dimensionen im Kirchraum musste ein besonderer Standort gefunden werden. Gemeinsam mit der Orgelbaufirma Willi Peter, dem Landeskirchenamt und dem Architekten entschied man sich für eine Sonderlösung: Der Orgelprospekt zog in den vorderen Teil der Kirche und der »Spieltisch« mit Tastatur auf die Empore im hinteren Bereich.

Der Namenspatron Gerhard Tersteegen wurde vor über 320 Jahren in Moers geboren. Der gelernte Bandweber wirkte später auf einer feinstofflicheren Ebene und ging als bedeutender Mystiker, Seelsorger und Liederdichter in die protestantische Kirchengeschichte ein.

Noch mehr Kulturgeschichte, eingebettet in Naturidylle, findet sich auf den Spuren des Dünnwalder Kulturpfades. Dieser Rundweg führt von einer Sehenswürdigkeit zur nächsten und verbindet die evangelische und die benachbarte katholische Kirche mit dem Dünnwalder Wildpark, dem Rittergut Haus Haan, den keltischen Hügelgräbern und der denkmalgeschützten »Finnensiedlung« am Rand von Höhenhaus.

Adresse Amselstraße 22, 51069 Köln-Dünnwald, www.evangelisch-in-duennwald.de/kirche | ÖPNV Bus 154, 434, Haltestelle Auf der Aue | Öffnungszeiten zu Gottesdiensten | Tipp Im Dünnwalder Wald kann man nicht nur waldbaden, sondern auch baden im Waldbad Dünnwald.

47_Grabeskirche St. Bartholomäus

Zur letzten Ruhe

Anders als auf einem Friedhof scheint man in einem Kolumbarium in einem besonderen Frieden zu ruhen. Keine Umgebungsgeräusche lenken von dem ab, was es ist – eine Stätte der letzten Ruhe. In den letzten Jahrzehnten sind zunehmend Urnengrabstätten entstanden und seit der Jahrtausendwende bundesweit an die 15 Kirchen zu sogenannten Grabeskirchen umgewandelt worden. Die bislang einzige in Köln ist die katholische Pfarrkirche St. Bartholomäus in Ehrenfeld, entworfen von Hans Schwippert gegen Ende der 1950er Jahre als Saalkirche mit freistehendem Vierkantturm.

Im Zentrum des unter Denkmalschutz stehenden Baus haben die Architekten Kissler + Effgen einen Raum für den Trauergottesdienst geschaffen. Dieser Raum wirkt fast mystisch, denn er ist vom Umliegenden nur durch ein goldfarbenes Metallgewebe getrennt, welches durch ein sensibles Lichtkonzept nochmals besonders in Szene gesetzt wird. Dieses Netzmaterial changiert je nach Lichteinfall transparent oder blickdicht und versinnbildlicht so den Übergang vom Diesseits in Jenseits.

An den Seiten des ehemaligen Kirchenraums sind die Urnenkammern angeordnet. In den nischenähnlichen Kabinetten wirkt eine ganz eigene und besinnliche Stimmung. Ganz im Geist der Johannes-Offenbarung: »Am Ende der Zeiten braucht es weder Sonne noch Mond, die leuchten, denn die Herrlichkeit Gottes erleuchtet sie.«

Täglich kümmert sich ein großes Team an ehrenamtlichen Mitarbeitern vor Ort. Als Ansprechpartner und Zuhörer für die Besucher und Angehörigen versuchen sie vor allem, das Thema Sterben, Tod und Trauer zu enttabuisieren. Die irdische Endlichkeit ist ein Fakt, und die Auferstehung der Toten bleibt ein Mysterium. Und so ist die Grabeskirche ein Zeugnis des christlichen Glaubens an die Auferstehung der Toten und an das Leben in der kommenden Welt.

Adresse Helmholtzplatz 13, 50825 Köln, www.grabeskirche-koeln.de | ÖPNV Bahn 3, 4, Bus 139, 140, 141,143, Haltestelle Rochusplatz | Öffnungszeiten Mo–So 10–17 Uhr | Tipp Auf der Venloer Straße findet sich so allerlei – aber vor allen Dingen ist hier seit 1949 Kölns älteste Kaffeerösterei zu Hause: Schamong Rösthandwerk.

48 St. Anna

Mit der Sprache des Herzens – Mess op kölsch

Mitten in Ehrenfeld findet man an der Schadowstraße einen Kirchturm-Doppelgänger: Von der 1908 ursprünglich als dreischiffige Basilika erbauten katholischen Kirche von Adolf Nöcker blieb nach dem Zweiten Weltkrieg nur noch der Turm stehen – und der gleicht dem des Paderborner Doms.

Der zweizigartige Turm bekam nach dem Krieg einen einzigartigen Anbau: Gottfried und Dominikus Böhm übernahmen den Wiederaufbau von St. Anna und setzten vor das historische Relikt einen modernen Bau aus Beton, Trümmerziegeln und Glas. Von der Straße aus wirkt das Ensemble, als sei ein Kirchturm in ein graziles Glasgehäuse hineingestülpt worden. St. Anna war das letzte gemeinsame Werk des Vater-Sohn-Duos, Dominikus Böhm verstarb noch vor der Fertigstellung.

Heute ist die Kirche auch ein Ort, an dem besonderes Brauchtum gepflegt wird: Hier werden Heilige Messen gefeiert, wie dem Kölner der Schnabel gewachsen ist – op Kölsch. Schon 1976 wurde in Köln-Mülheim die erste Eucharistiefeier im Kölner Dialekt gehalten.

Vor allem während des Karnevals sind die Mundartmessen Ausdruck des rheinischen Katholizismus. Mehrere Gebete oder auch die gesamte Messe werden auf Kölsch gehalten und auch mal Kirchenlieder durch Kölsches Liedgut ersetzt.

Allerdings hatte das Erzbistum all dem schon 2008 einen Riegel vorgeschoben, seitdem sind Mundart-Messen reglementiert: In Anerkennung der Tatsache, dass man in der heimischen Sprache zwar ganz bei Gott sein könne, sollte aber die Form gewahrt bleiben und Predigten nicht zu Büttenreden verkommen.

In Köln gibt es weitere Kirchen, die Messen op Kölsch feiern. In St. Anna kann man dieses mindestens viermal im Jahr erleben, wenn der Ehrenfelder Arbeitskreis »Mess op Kölsch« einlädt. Diese Messen scheinen anziehender zu sein als die hochdeutschen – zu den Terminen ist die Kirche pickepackevoll.

Adresse Christine-Teusch-Platz, 50823 Köln, www.seelsorgebereich-ehrenfeld.de | ÖPNV Bahn 5, 18, Bus 142, Haltestelle Liebigstraße | Öffnungszeiten zu Gottesdiensten | Tipp Gleich neben der »kölschen« Kirche liegt Bella Italia – in der Trattoria Salento sorgt Familie Franco seit fast 30 Jahren für echt italienischen Höchstgenuss.

49 Zentralmoschee

Die Kuppel von Köln – ein Haus für Allah

»Ort der Macht«, »Kuppel mit goldenen Botschaften«, »Kölner Moschee ist eine Geschichte des Streits«, »Erdogan eröffnet die Zentralmoschee« – die ebenso großartige wie große Zentralmoschee in Köln hat so viele Schlagzeilen produziert wie wohl kein anderer Moscheebau in Deutschland.

Als »Haus für Allah« ist dieses Gebäude nicht zu übersehen: Mit ihrer riesigen Kuppel und den beiden Minaretten prägt die Moschee das Bild Ehrenfelds. Der Entwurf des ungewöhnlichen Baus kommt aus einem Haus, das für außergewöhnliche Architektur bekannt ist: Die Moschee entstand als gemeinsames Projekt von Paul Böhm und Vater Gottfried. Die Familie Böhm bereichert ihre Kölner Heimat nun schon seit drei Generationen mit architektonischen Perlen – davon allein 16 Sakralbauten.

Die imposante Kuppel wirkt wie eine aufgehende Blüte, wie einzelne Blätter einer Knospe scheint sie sich zu öffnen und wird dabei gehalten durch verbindende Glasflächen. Auch das Innere ist beeindruckend gelungen: Der Architekt und Künstler Semih Irtes ließ die Wände von innen komplett mit Stuckplatten verkleiden, und gemeinsam mit vergoldeten Kalligraphien ist so ein überwältigendes weiß-goldenes Relief entstanden.

Als ein Ort der Begegnung bietet die Zentralmoschee außerdem Räume für Veranstaltungen und Verwaltung, eine Einkaufspassage, eine Bibliothek, ein Café und eine Teestube für den Austausch.

Zum Gebet finden über tausend Gläubige Platz, damit ist die Zentralmoschee das größte islamische Gotteshaus in Deutschland. Längst ist sie ins Kölner Stadtbild hineingewachsen: ein außergewöhnlicher Bau, der neben dem Dom und der Synagoge ein wichtiges Symbol ist für ein friedliches Nebeneinander der Religionen. Auch Nicht-Muslime sind immer herzlich willkommen und können sich die Moschee jederzeit anschauen oder bei einer der öffentlichen Führungen noch mehr erfahren.

Adresse Venloer Straße 160, 50823 Köln, www.zentralmoschee-koeln.de | ÖPNV Bahn 3, 4, Haltestelle Piusstraße | Öffnungszeiten ganztägig, Führungen Mi und Fr 15 Uhr, So 14.30 und 15.30 Uhr | Tipp Gegenüber verläuft an der Inneren Kanalstraße der Grüngürtel und endet im »Mont Klamott«. So wird der Herkulesberg am Mediapark genannt, der größte Kriegsschutt-Berg Kölns.

50__St. Martinus

Ding, Dang, Dong

Was die Stunde geschlagen hat, erfährt man heutzutage kaum noch vom Kirchturm. Für die Zeitangabe existieren mittlerweile genauere Hilfsmittel. Die Glocken läuten auch nicht mehr, wenn Feuersbrünste oder Feinde nahen, noch rufen sie die Leute zur Mittagspause, zur Gerichtsverhandlung oder zu sonstigen Versammlungen. Neben dem Läute-Service zu und während der Messen haben die Kirchenglocken als lauttönende Mitteilungszentrale schon lange ausgedient. Und natürlich werden sie im 21. Jahrhundert auch nicht mehr per Seilzug, sondern mit einem Motor zum Klingen gebracht.

Aber zum Glück gibt es einen uralten Brauch, der hierzulande an einigen Orten nach wie vor gepflegt wird: die Kunst des Beierns. Auch in Esch kann man was läuten hören: Zu Ostern und zur Kirmes im September sorgen nicht der vielbesungene »Bruder Jakob«, sondern Norbert und sein Bruder Christoph Schumacher zweimal im Jahr dafür, dass die Escher etwas Besonderes zu hören bekommen. Die »Beiermänner« steigen dann hoch in den Turm der alten St. Martinus-Kirche und schieben Latten ins Gebälk, damit die Glocken nicht mehr schwingen können. Ab jetzt wird manuell »geklöppelt«.

Die Kunst des Beierns kommt aus Frankreich und den Niederlanden. Aus dem Altfranzösischen »baier«, was »anschlagen« bedeutet, wurde eingedeutscht das »beiern«. Ein Beiermann muss kein Musiker sein, ein gutes Rhythmusgefühl reicht. Im jahrhundertealten Escher Glockenstuhl bieten drei Glocken drei Töne – und aus denen lassen die Brüder Schumacher dann eine ganze Melodie erschallen.

Von »Kling Glöckchen, klingelingeling« kann hier allerdings nicht die Rede sein, sondern von schweißtreibender Arbeit: Nach zehn Minuten »Glockenspiel« weiß man, was man getan hat. Nicht nur in Esch sind die Glocken dann unüberhörbar – Ohrenschutz verhindert, dass den »Glöcknern« noch Monate danach die Öhrchen klingeln.

Adresse Kirchgasse, 50765 Köln, www.kreuz-koeln-nord.de | ÖPNV Bus 123, 125, 126, Haltestelle Chorbuschstraße | Öffnungszeiten Mo–So 9–18 Uhr | Tipp Beeindruckend sind auch der Kirchhof und das Kriegerdenkmal von Hildegard Domizlaff.

51 St. Hubertus

Die FC-Kirche

Die neoromanische Kirche in Flittard ist zwar über 20 Kilometer vom Sitz des 1. Kölner Fußballclubs entfernt, aber dank eines fußballverrückten Geistlichen darf St. Hubertus als FC-Kirche in die rheinische Geschichte eingehen.

Als der Künstler Hermann Gottfried vor über 40 Jahren den Auftrag erhielt, das katholische Gotteshaus mit großflächigen Malereien zu gestalten, war damit keinesfalls das rot-weiß-schwarze Vereinslogo des Kölner Fußballclubs gemeint, das sich mehr oder weniger unauffällig an einer Säule versteckt. Urheber dieses kleinen Details ist der Geistliche der katholischen Kirche – Pastor Michael Cziba. Im Zuge einer Renovierungsaktion musste irgendwie auch der FC im Gotteshaus verewigt werden. Im überschaubaren Format über dem Kapitell wirkt er auch nicht wie ein Heiligenbild, sondern eher als Glücksbringer.

Michael Cziba, verantwortlich für die Gemeinden in Flittard und Stammheim, hat so »seinen« Club bei der Arbeit immer im Blick. Er war schon von Kindesbeinen ein leidenschaftlicher FC-Fan. Diese Inbrunst hat sich auch in seiner späteren Laufbahn als Gottesmann nie gelegt. Schließlich haben Fußball und Kirche ja einiges gemeinsam: Gemeinschaft, Gesänge, Emotionen. Das Spielfeld wird zum geweihten Boden. Sprechchöre begleiten das Geschehen. Fans pilgern in die Stadien, die Fußball-Tempel. Laufen, abwarten, verteidigen, nach vorne stürmen, Teil eines Ganzen sein: Das ist Fußball und der Lauf des Lebens. Alle sind mit Herzblut dabei, weil man spürt, dass es um eine gemeinsame Sache geht – aber Fußball wird damit nicht zu einer Ersatzreligion.

Neben dem Dom ist die Flittarder Kirche das zweite Gotteshaus, welches sich durch sein Gemäuer auch zur Fußball-Leidenschaft bekennt. Der heilige Hubertus gilt als Schutzpatron der Jagd – somit hat er bestimmt auch die Jagd nach dem runden Leder stets wachsam im Blick.

Adresse Hubertusstraße 3, 51061 Köln, www.perpetua.de | **ÖPNV** Bus 151, 152, 156, Haltestelle Edelhofstraße | **Öffnungszeiten** zu Gottesdiensten | **Tipp** An der Egonstraße steht ein optischer Telegraf, die Station Nummer 50 zwischen Berlin und der Rheinprovinz. Der Signalmast übermittelte verschlüsselte Informationen, die von der Nachbarstation per Fernrohr abgelesen wurden.

52 St. Pius

Die Schlot-Kirche

Umgeben von Äckern und Feldern lag das urige Dorf Flittard so nahe am Rhein, dass er es in schöner Regelmäßigkeit überschwemmt wurde. Daher auch der Name: Flittard kommt von »fließende Erde«. 1914 wurde Flittard nach Köln eingemeindet und ist seitdem auch der Außenposten der Domstadt an der Grenze zum Regierungsbezirk Düsseldorf.

In der Nähe zum Bayer-Werk gelegen, wuchsen im Dorf rundherum weitere Wohnsiedlungen. Ein Neu-Flittard entstand, und es war abzusehen, dass die alte Pfarrkirche St. Hubertus bald nicht mehr ausreichen würde. Anfang der 1960er Jahre schuf der Kölner Architekt Joachim Schürmann mit seinem Bau für St. Pius ein neues Zentrum im neuen Dorf: Die Flachdach-Kirche, der Innenhof mit Rundturm, das Jugendheim und die Pfarrwohnungen bilden einen ganz eigenen Bezirk, der von einer großen Mauer umgeben ist. Das Terrain wurde dafür um einen Meter aufgeschüttet und auf dieser Anhöhe als in sich geschlossenes Areal errichtet.

Der Glockenturm in der Mitte des Innenhofes ist aus Ziegeln gebaut, wie ein runder Fabrikschornstein überragt er die Flachdachkirche mit seinen 23 Meter Höhe. Das oberste Geschoss kann man über Steigeisen erklimmen, hier befindet sich die Glockenkammer für fünf Glocken. Statt der üblichen Schalllöcher ließ Schürmann 200 Luken regelmäßig über das Mauerwerk verteilen. Nicht nur durch die unübersehbaren Schornsteine des nahen Bayerwerks erweckt diese Kirchenanlage zweierlei Assoziationen: St. Pius wirkt durch die Umfriedung wie ein modernes Klostergebäude – und gleichzeitig erscheint die Kirche durch ihren Turm wie ein sakraler Industriebau.

Dem Himmel ganz nah ist St. Pius auf jeden Fall, denn der Glockenturm wird gekrönt von der sogenannten Engelswolke: Geschaffen vom Bildhauer Werner Schürmann, dem Bruder des Architekten, erhebt sich obenauf noch mal ein zwölf Meter hohes Stahlrohr mit einem opulenten Engelfigurenkranz aus Bronze.

Adresse René-Bohn-Straße 1, 51061 Köln, www.perpetua.de | ÖPNV Bus 151, 152, 156, 250, Haltestelle Flittard Süd | Öffnungszeiten zu Gottesdiensten | Tipp Mittendrin im Gelände der Bayer AG kann man sich im Japanischen Garten verlustieren. Vor über hundert Jahren angelegt, ist der 15.000 Quadratmeter große Park eine echte Oase für die Seele – nicht nur für Fans der ostasiatischen Gartenkultur.

53 Christi Verklärung

Die »erleuchtete« Orgel

Die Heimersdorfer Kirche ist eine von vielen – genauer gesagt eine von 1.200 Kirchen, die in der Nachkriegszeit allein im Rheinland gebaut wurden. Und als ein Vertreter dieser Epoche ist sie ein typisches Beispiel für den sakralen Betonbau. Ganz untypisch aber war der Baumeister der Kirche. Er sah sich selbst nie als Designer einer bestimmten Bauform, sondern als Geburtshelfer beim Entstehen der Form. Scheinbar »geleitet von göttlicher Hand«, verwirklichte der gläubige Katholik zwischen Düsseldorf, Essen und Köln prägnante Kirchenbauten.

So auch in Heimersdorf: Als das jahrhundertealte Dorf zum Ortsteil der Neuen Stadt wurde, wuchs die Gemeinde schneller, als der Pfarrer Messen halten konnte. Trotz fünf Sonntagsmessen wurde die genutzte Notkirche viel zu klein. Für die Christmette mussten Platzkarten ausgegeben und zu Ostern die Messe im Freien gehalten werden. Eigentlich war für die neue Pfarrgemeinde der Name »St. Anno« vorgesehen. Aber Pfarrer Hans Hausdörfer konnte die Zuständigen von einem anderen Namen überzeugen: Christi Verklärung sollte sie heißen. Zwei »Fingerzeige« Gottes hätten ihn zu diesem Namen geführt.

In Josef Lehmbrock wurde genau der richtige Baumeister gefunden, um die Gestalt des »verklärten Jesus« aus dem Grundriss dreidimensional erstehen zu lassen. Die äußeren Kirchenmauern versinnbildlichen das Gewand Jesu mit ausgebreiteten Armen. Im Inneren wirken die Wände wie ein »Lichtmantel«, erzeugt durch einen Wechsel von Stelen aus grauem Beton und verglasten Zwischenräumen.

In ein besonderes Licht getaucht wird die Kirche allerdings, wenn Musik erklingt: Die traditionell gebaute Orgel wurde vor einigen Jahren aufwendig renoviert und kombiniert mit einem visionären Beleuchtungssystem, das das Pfeifengehäuse in wechselnden Farben erleuchtet. Kirchenmusik bekommt in Christi Verklärung eine ganz neue und einzigartige Klangfarbe.

Adresse Taborplatz 4, 50767 Köln, www.gemeinden.erzbistum-koeln.de/pfarrgemeinde_papst_johannes_XXIII/gottesdienste-verkuendigung | ÖPNV Bahn 15, Bus 122, 125, Haltestelle Heimersdorf | Öffnungszeiten zu Gottesdiensten | Tipp An der Nettesheimer Straße ist das »größte Mongolenlager außerhalb der Mongolei« mit über 20 Jurten. Gegründet wurde das Dorf 1984 aus »Spaß an der Freud« und natürlich aus der Faszination am mongolischen Leben.

54 Abteikirche St. Nikolaus

Das Gestapo-Gefängnis

Kein gewöhnlicher Baum ist er, der Brauweiler Maulbeerbaum. Denn der Legende nach hatte die Kaisertochter Mathilde in seinem Schatten eine Erscheinung: auf diesem Grund solle ein Kloster erstehen. Die visionäre Botschaft wurde nicht nur empfangen, sondern auch in die Tat umgesetzt. Im Jahr 1028 wurde das Kloster zu Ehren der Heiligen Nikolaus und Medardus als Benediktinerabtei eingeweiht, und Papst Benedikt VIII. schenkte zur Gründung Reliquien des heiligen Nikolaus.

Dank der Reliquien wurde die Abtei auch zur Pilgerstätte, bis 1794 die Franzosen dem klösterlichen Dasein ein Ende bereiteten. Seitdem stürzte der Ort von einer schicksalhaften Zweckentfremdung zur nächsten: Von 1809 bis 1978 waren die Gebäude Bettlerbewahranstalt, Arbeitsanstalt, Konzentrationslager, Gefängnis, wieder Arbeitsanstalt, Krankenhaus zur psychiatrischen Behandlung von suchtkranken Patienten. Nur die Abteikirche »durfte« als katholische Pfarrkirche ihre Dienste versehen.

Der wohl bekannteste Häftling während der Nutzung als Konzentrationslager und Gestapo-Gefängnis war Konrad Adenauer. Kölns ehemaliger Oberbürgermeister und seine Ehefrau waren hier nach dem missglückten Hitler-Attentat über Monate inhaftiert. Ein Fenster in der Abteikirche erinnert daran. Gestiftet von Adenauer und seinem ehemaligen Wärter Jakob Dahmen, wurde es gefertigt vom Künstler Franz Pauli. Es zeigt eine Szene aus dem Alten Testament: Konrad Adenauer als »Daniel in der Löwengrube«. Über ihm das personifizierte Böse in Gestalt von Adolf Hitler.

Heute erstrahlt das restaurierte Kloster wieder in seinem barocken Glanz und beherbergt in seinen Gemäuern unter anderem das Amt für Denkmalpflege. Der legendäre Maulbeerbaum ist eingetragenes Naturdenkmal und im Abteipark zu bestaunen. Der immer noch große Ertrag an Beeren wird zu Gelee verarbeitet und zu besonderen Anlässen als »Mathildes Traum« verkauft.

Adresse Ehrenfriedstraße 15, 50259 Pulheim, www.abteibrauweiler.lvr.de | ÖPNV Bus REVG 949, 961, 962, 967, 980, Haltestelle Abtei Brauweiler | Öffnungszeiten Di–So 10–17 Uhr | Tipp Die Gedenkstätte Brauweiler informiert mit einer Dauerausstellung über die NS-Zeit in der ehemaligen Arbeitsanstalt.

55__St. Stephan

Die Labyrinth-Kirche

Vor und zurück, vor und zurück und das 22 Mal: In der Brühler Kirche St. Stephan kann man einen Rundgang machen – im wahrsten Sinne des Wortes.

Erbaut wurde das katholische Haus von Gottfried Böhm in Zeiten des sogenannten Brutalismus, ein Architekturstil, der bis in die 1970er angewandt wurde. Der Begriff kommt aus dem Französischen, gemeint war damit »béton brut«, also Sichtbeton. Auch in Brühl ist das Baumaterial nicht unsichtbar, ganz im Gegenteil: Glockenturm, Kirchenvorhalle und Kirchenraum präsentieren sich klar und deutlich im Waschbeton. Das Kirchenensemble wirkt rau und martialisch – und das nicht nur durch den beliebtesten Baustoff der Zeit, sondern auch durch den kantigen Entwurf.

Auch der Innenraum scheint zu explodieren. Gewaltig sind die Weite und Höhe der imposant gezackten Betonmauern. In dieses eckige Ambiente des Kirchenraums zog vor einigen Jahren ein besonderes »Rund«: ein Labyrinth, das den Kreislauf des Lebens symbolisiert.

Das größte und wohl berühmteste Kirchenlabyrinth ist seit Jahrhunderten in Frankreich, in der Kathedrale von Chartres zu finden. Das Labyrinth war die letzte Hürde für die Pilger, ehe sie zum Altar vordringen konnten. Ganz ohne Pilgermühsal, aber angelehnt an das französische Vorbild, führt hier nach dem gleichen Muster ein langer Weg ans Ziel. Mit vielen Kehren schlängelt man sich auf die Mitte zu und doch wieder weg. In ihrer schönen Symmetrie wirken sie erst mal banal, aber Labyrinthe haben es in sich: Es braucht Mut und Ausdauer, Überwinden von Ungeduld und Angst. Es geht vor und scheinbar wieder zurück. Kurze Wege, die sich ohne Ende wenden und winden. Man befürchtet, nie anzukommen, sein Ziel nicht zu erreichen.

Und dann kommt man in die Mitte: Es gibt nichts zu erreichen. Der Weg ist das Ziel. Ein Labyrinth, zu begehen für jedermann auf der Suche nach sich selbst.

Adresse Rheinstraße 65, 50321 Brühl, www.labyrinth-bruehl.de | ÖPNV Zug RB 26, RB 48, RE 5, Bus REVG 930, Haltestelle Bahnhof Brühl | Öffnungszeiten Mo–So 10–18 Uhr | Tipp Nahe dem Bahnhof liegt das Museum des weltberühmten Brühler Dadaisten und Surrealisten Max Ernst.

56__St. Raphael

Stop, pray and go

Kapellen am Wegesrand für Pilger und Reisende gibt es seit Jahrhunderten. Um unterwegs um Schutz zu bitten, Gott zu danken oder einfach einen Moment innezuhalten. Das Reisen hat sich verändert: Im Vergleich zum Mittelalter scheint man sich heutzutage von A nach B beamen zu können, aber das Bedürfnis auch »on the road« Gottes Beistand zu suchen, ist geblieben.

Seit 62 Jahren dienen dazu ganz besondere Gotteshäuser, die sogenannten Autobahnkirchen. Sie laden ein, auszuscheren aus der Überholspur und einzukehren in der Raststätte für die Seele. Ende der 1950er Jahre wurde die erste Autobahnkirche in Bayern eingeweiht, mittlerweile gibt es 45 solcher »Stop and Pray«-Stätten für eine halbwegs stille Pause neben dem Dauerrauschen.

Während anderswo die Kirchengemeinden zusammengestrichen werden, scheinen die Autobahnkirchen keinen Besuchermangel zu haben. Sie sind meist karg ausgestattet, bieten keine opulenten Messfeiern, Konzerte oder Kultur, sondern dienen nur der inneren Einkehr. Und dem geschriebenen Wort: In fast allen Autobahnkirchen sind sogenannte Anliegen- oder Fürbittenbücher ausgelegt, in denen die Besucher ihre Sorgen, Nöte und Gedanken hinterlassen können. Diese Bücher sind auch schriftlicher Beweis, wie rege der Zulauf ist.

Die erste Kirche, die im Rheinland Sorge und Obhut der Reisenden übernahm, ist die Kapelle an der Raststätte Nievenheim – nur anzufahren, wenn man von Köln Richtung Neuss unterwegs ist. Eingeweiht wurde sie 1976 und dem heiligen Raphael geweiht, als Schutzpatron der Kranken und Reisenden. Der sechseckige Bau stammt vom Architekten Carl Hecking. Dieser konzipierte auch den Innenraum als eine schlichte Andachtsstätte: Vor Kopf steht eine Skulptur des Erzengels Raphael vom Bildhauer Jochem Pechau, in der Mitte ein großer Steinblock für die Kerzen. Und natürlich liegt auch hier ein prall gefülltes Fürbittenbuch.

Adresse Autobahnrasthof Nievenheim-Ost, 41541 Dormagen, www.autobahnkirche.de | Anfahrt nur über die A 57 zu erreichen | Öffnungszeiten Mo–So 24 Stunden | Tipp Von der Raststätte ist es ein 30-minütiger Spaziergang zum Wahler Berg, einer Flugsanddüne mit besonderer Flora und Fauna.

57__St. Ursula – Böhm Chapel

Aus Gotteshaus wird Kunsttempel

Vor den Toren Kölns hat der Erbauer einer Kirche seinem Namen besondere Ehre gemacht: Das kleine Gotteshaus wurde nach ihm benannt. Geweiht wurde die katholische Pfarrkirche in Hürth-Kalscheuren der heiligen Ursula. Erbaut Mitte der 1950er Jahre von Gottfried Böhm, wirkt sie heute wie ein Ufo, gelandet inmitten einer gesichtslosen Reihenhaussiedlung.

Vor dem strahlendweißen Bau ragt ein freistehender Glockenturm in den Himmel. Rund um das Gotteshaus führt ein Arkadengang. Aber der Grundriss der Kirche ist kein Kreis – sondern eine Blüte aus sechs halbrunden Ausbuchtungen. Diese Buchten werden verbunden durch raumhohe Fenster, in die ein Netz eingewebt zu sein scheint. Diese ungewöhnliche Architektur wirkt im Inneren fast meditativ durch die eleganten, geschwungenen Nischen mit den netzdurchwirkten Glasflächen.

Allerdings wurde St. Ursula nach fast 50 Jahre treuer Seelsorge 2006 in den vorzeitigen Ruhestand entlassen, als die Besucher zunehmend ausblieben. Dem Abriss-Schicksal konnte sie entgehen – als geschütztes Baudenkmal. Aber bis zur ihrer heutigen Bestimmung war es noch ein vierjähriger Weg. Aufgegeben und entweiht, wechselte sie zweimal den Eigentümer, bis man 2010 in dem Galeristen Rafael Jablonka einen wertschätzenden Käufer fand. Mit Beratung des Architekten Gottfried Böhm wurde der Bau aufwendig restauriert. Für die Umnutzung als Kunstraum wurde die komplette religiöse Innenausstattung entfernt. Und trotz der nun fehlenden sakralen Eingeweide wirkt der Raum durch seinen Minimalismus fast noch würdiger und geweihter als vorher. In diesem Ambiente finden seitdem Ausstellungen der künstlerischen Elite statt, die kleine Kirche wurde so zur Pilgerstätte der Kunst und Architektur.

In Absprache mit dem Schöpfer des sakralen Werkes firmiert St. Ursula seit 2010 unter dem Namen »Böhm Chapel«.

Adresse Hans-Böckler-Straße 170, 50354 Hürth, www.boehmchapel.com | ÖPNV Zug RB, RB 26, RB 48, RE, Bus 192, 174, Haltestelle Bahnhof Hürth-Kalscheuren | Öffnungszeiten April–Sept. Sa, So 11–16 Uhr; Okt.–März Sa, So 11–14 Uhr | Tipp In Hürth lohnt auch ein Besuch am mittelalterlichen Wasserschloss Burg Kendenich. Zwischenzeitlich auch im Besitz der Familie Groote (siehe Kapitel 26) beherbergt es heute 42 Wohneinheiten.

58_Zeltkirche Kippekausen

Das namenlose Gotteshaus

Unglaubliche 42 Jahre fand man keinen geeigneten Namen für das evangelische Gotteshaus an der Teich-Idylle am Rittersteg. So wurde in der Festschrift zur Einweihung 1968 auch in Frage gestellt, ob die Kirche überhaupt einen Namen haben müsse. Das ungelöste Problem firmierte seitdem offiziell unter dem sperrigen Titel »Evangelische Kirche Kippekausen«. Umgetauft auf den naheliegenden und auch im Volksmund gebräuchlichen Namen »Zeltkirche« wurde sie offiziell erst im Jahr 2009. Dabei hat das Denkmal diesem Namen von Baubeginn an alle Ehre gemacht.

Entworfen wurde die Kirche vom Kölner Architekt Georg Rasch, der fast zeitgleich in Köln-Buchforst für den grandiosen Bau der Auferstehungskirche sorgte. Bemerkenswert bei beiden Kirchenbauten ist die Dachform: Was in Buchforst zum Himmel strebt, wird in Refrath hinuntergezogen.

Gegenüber der Burgruine Kippekausen wurde Ende der 1950er Jahre ein Neubaugebiet aus dem Ackerland »gestampft«, in der sogenannten Parksiedlung sollte Platz für 3.000 Bürger entstehen. Gebaut wurde eine Mischung aus mehrgeschossigen Wohnhäusern, Reihenhäusern und Bungalows. Den Ehrenplatz der Siedlung erhielt die evangelische Kirche – mit unverbaubarem »Seeblick«. Statt hier einen repräsentativen Kirchentempel aus massiven Wänden zu errichten, schuf Georg Rasch einen in den 60er Jahren einmaligen Sakralbau aus Holz, Glas und Kupfer.

Die Architektur der Zeltkirche ist konsequent durchgestaltet und innen wie außen immer nachvollziehbar: Auf einem achteckigen Grundriss zieht sich an vier Eckpunkten ein Gewölbe aus Holz in die Höhe. Die großen, dreieckigen Fensterflächen öffnen den Blick auf die Schönheit der Natur und betonen, dass die Kirche ein freier, unbegrenzter Raum ist. Das Dach hat im Laufe der Jahre Farbe bekannt und wechselte von leuchtend Rot zu Blassgrün, der typischen Verwitterungspatina von Kupfer.

Adresse Am Rittersteg 1, 51427 Bergisch Gladbach, www.kirche-bensberg.de/kippekausen | **ÖPNV** Bahn 1, Bus 452, Haltestelle Bergisch Gladbach Kippekausen | **Öffnungszeiten** zu Gottesdiensten | **Tipp** Die Überreste der Turmhügelburg »Motte Kippekausen« liegen nur 100 Meter von der Zeltkirche entfernt.

59__Kolumbarium Kreuzkirche

Der »Friedhof« in der Kirche

Beifallsstürme gab es keine, als die Entscheidung fiel, dass man sich von der Kreuzkirche als solcher verabschieden müsse. Der ungewöhnliche Bau konnte bleiben, allerdings in neuer Funktion. Die Umwidmung vom Gotteshaus zur Urnengrabstätte war für viele Kleineichener Protestanten eine bittere Pille, schließlich war die Kreuzkirche fast 50 Jahre »ihr« Gotteshaus. 1950 gründeten die Frauen die Evangelische Frauenhilfe Kleineichen, sammelten 25.000 Mark und ermöglichten so den Grundstückskauf für den Bau einer eigenen Kirche. Beauftragt wurde der Rösrather Architekt Horst Welsch, und im Juni 1964 konnte man Premieren-Gottesdienst feiern – in einem nicht alltäglichen Bau: Der Grundriss ist ein Kreuz, über dem sich das Dach wie ein Zelt erhebt.

Der Umbau durch die Architektin Felicitas Casser konnte die Gemüter wieder besänftigen. Die Neugestaltung inszeniert den architektonischen Charakter des Gebäudes. Die Urnengräber sind in unterschiedlich hohen Stelen untergebracht und betonen so den kreuzförmigen Grundriss und auch das Zeltdach. Statt einer starren Bestuhlung lädt eine kreisförmige Bank in der Mitte des Raumes zum Verweilen und Innehalten ein – aber auch zu einem Miteinander bei Trauerfeiern, Andachten oder auch Lesungen. Kreuz und Taufstein mit Taufbecken verblieben in der Kirche und erinnern an die Historie des Ortes. Die Kirche unter neuer »Mission« glänzt in neuer Würde.

Der heute über 90-jährige Kirchenbaumeister Horst Welsch bereicherte seine Heimatstadt gleich mit drei sakralen Wahrzeichen für die evangelische Gemeinde: Neben der Kreuzkirche entwarf er auch die Christuskirche mit ihrem imposanten Parabel-Fenster und die Versöhnungskirche mit dem »bohrenden« Turm.

Und als wäre es von Anfang an nicht anders geplant, soll die von ihm entworfene Kreuzkirche auch seine Grabkirche werden: Eine Doppelurnen-Kammer ist selbstverständlich reserviert.

Adresse Eiserweg 44, 51503 Rösrath, www.evkirche-roesrath.de/index.php/gemeindeeinrichtungen/das-kolumbarium-kreuzkirche | **ÖPNV** S 19, dann Bus 423 ab Flughafen Terminal oder Bensberg, Haltestelle Rösrath Kleineichen | **Öffnungszeiten** Fr 16–18 Uhr, So 14–17 Uhr | **Tipp** Das nahe gelegene Naturschutzgebiet Krumbach lockt mit seinen ausgedehnten landschaftlichen Reizen.

60_Herz-Jesu-Kirche

Wallfahrtsort für Architekten

Menschen pilgern aus den unterschiedlichsten Gründen. Am weltberühmten Jakobsweg liegt zwischen dem Altenberger und dem Kölner Dom auch eine Pilgerstätte für Anbeter der Architektur. Denn einer der weltweit bekanntesten Baukünstler hat auch im Bergisch Gladbacher Stadtteil Schildgen seine Spuren hinterlassen. Der heute 100-jährige Gottfried Böhm wurde Anfang der 1960er Jahre mit dem Neubau einer Kirchenanlage beauftragt.

Ursprünglich ein kleines Dorf aus Höfen und Weilern, ist Schildgen nach dem Zweiten Weltkrieg rasant gewachsen. Auf diese Ortshistorie greift auch der Entwurf zurück: Die katholische Herz-Jesu-Kirche kommt daher wie eine ummauerte Hofanlage, die man durch ein Tor betritt. Irritierend wirken allerdings die unterschiedlich großen, runden Türme, die die Mauer überragen. Nähert man sich dem Ganzen im ersten Innenhof, macht man eine kleine Zeitreise. Man ist wieder Kind und staunt Bauklötze: Mauern und Türme mit Kegelhauben erheben sich. Obenauf golden bekrönt mit Taube, Hahn, Kugeln und Kreuz. Böhms Söhne – bis auf einen allesamt Architekten – haben ihn wohl im Spiel zu diesem Entwurf inspiriert. Von welcher Macht auch immer geleitet, entstand aus gestapelter Kinderphantasie ein spektakuläres Kirchenhaus.

Vom Portal in den Innenhof führt der Weg über ein weiteres Atrium, das als kleiner Garten mit einem Teich angelegt ist, hinein in das Kirchenschiff. Der Altarraum ist durch ornamentale Durchbrüche im Dachbaldachin in mystisches Licht getaucht. Über diesem Raum erhebt sich der höchste Kegelturm von Herz Jesu. Die Kirchenausstattung stammt teils ebenfalls von Gottfried Böhm, wie die Kirchenbänke, die Apostelleuchter und die Weihwasserbecken.

In der Nachkriegszeit hat Gottfried Böhm allein um die 60 Gotteshäuser entworfen, aber die dem »Heiligen Herz von Jesus« geweihte Kirche im Bergischen Land gehört zu seinen persönlichen Favoriten.

Adresse Altenberger-Dom-Straße 140, 51467 Bergisch Gladbach | **ÖPNV** Bus 222, 227, 434, Haltestelle Bergisch Gladbach | **Öffnungszeiten** Di–So 9–17 Uhr | **Tipp** Wer etwas über Schule lernen will, dem sei das Schulmuseum an der Kempener Straße 187 empfohlen: Im historischen Schulhaus erfährt man alles über den Alltag einer Volksschule.

61 Kultur Synagoge

New York – Venedig – Paris – Stommeln

Vom Bethaus im Hinterhof in die erste Reihe weltweiter Kunstorte – das war ein langer, schicksalsträchtiger und sicherlich einzigartiger Weg.

Eine wachsende jüdische Gemeinde errichtete um 1882 in Stommeln die bis heute erhaltene Synagoge als schlichten Ziegelbau in zweiter Reihe zur Hauptstraße. Unter dem Druck des grassierenden Antisemitismus löste sich die jüdische Gemeinde schon 50 Jahre später wieder auf und verkaufte die Synagoge an einen benachbarten Landwirt. Dieser verbarg den Davidstern an der Fassade unter einer Schicht Mörtel. Umgenutzt als Scheune wurde sie auf diese Weise gerettet und überstand die Nazizeit als eine der wenigen Synagogen in Deutschland.

In den 1970ern wurde sie »wiederentdeckt« und instandgesetzt. Bei der Restaurierung wurden der Innenraum und die Ausmalung in ihren ursprünglichen Zustand versetzt: ein Betraum mit Toraschrein, oberhalb die Empore Plätze für die Frauen. Heute beheimatet die Synagoge ein einzigartiges Kultur-Projekt der Stadt Pulheim, mit dem sich die 8.000-Seelen-Gemeinde in die erste Liga internationaler »Art-Places« katapultierte. Das liegt an dem Konzept für diesen Raum – und an den Menschen, die sich dieser Herausforderung stellen: Nach der Maßgabe »Ein Ort – ein Raum – eine Arbeit« lassen sich seit 30 Jahren Künstler auf die Besonderheit des Ortes ein und erinnern individuell an den Holocaust. Dabei entstanden im jährlichen Wechsel einzigartige Kunstwerke, und die Stadt Pulheim kam zu einer Künstlerliste wie sonst nur internationale Top-Museen: So sind Alfredo Jaar, Richard Serra, Georg Baselitz, Mischa Kuball, Rebecca Horn, Anthony Cragg, Rosemarie Trockel, Daniel Buren, Christoph Keller und Gregor Schneider nur zehn von bislang 27 Künstlern, die sonst rund um die Welt vertreten sind.

Das einzig permanente Werk von Max Neuhaus erschallt täglich 13 Mal als Klanginstallation auf dem Marktplatz, als »Stimme der Synagoge«.

Adresse Hauptstraße 85a, 50259 Pulheim, www.synagoge-stommeln.de | **ÖPNV** Bus REVG 967, 970, Haltestelle Dorfanger | **Öffnungszeiten** nach Absprache unter Tel. 02238/808188, -194 | **Tipp** Auf dem jüdischen Friedhof an der Nagelschmiedstraße ließ die Stadt Pulheim 1988 einen Gedenkstein aufstellen, der den jüdischen Opfern der NS-Gewaltherrschaft gewidmet ist.

62 Eremitage

Die Einsiedelei am Ravensberg

Fernab vom Trubel der rund einen Tagesmarsch entfernten Stadt Köln mit ihren 37.000 Einwohnern zogen sich ein paar Mönche zurück in die uralten Wälder am Ravensberg und gründeten hier vor 350 Jahren eine kleine Eremitage. Zur beschaulichen Klause gehörten eine Kapelle und ein zweigeschossiges Wohnhaus für die Franziskaner-Brüder, die ihr Eremitendasein größtenteils durch das Sammeln von Almosen finanzierten. Das Betteln scheint sehr einträglich gewesen zu sein – man ließ es sich gutgehen. So gut, dass sich im Laufe der Jahrzehnte vermehrt Klagen über das »unheilige« Leben dieser Brüder häuften. Anfang des 19. Jahrhunderts war Schluss mit lustig, der Kölner Erzbischof Ferdinand von Spiegel löste die Gemeinschaft auf, und das Gebäude wurde 1833 endgültig niedergerissen.

Aber das Fundament des »sündigen« Gemäuers weicht bis heute keinen Zentimeter zur Seite, denn die mächtige Bodenplatte des verschwundenen Gotteshauses ist eine geologische Besonderheit: ein sogenannter Quarzit, geschätzte 15 Millionen Jahre jung. Zahlreiche Legenden ranken sich um dieses Naturdenkmal, und es wird vermutet, dass die auch als »Ringelstein« bekannte Platte schon den Vorfahren aus der Steinzeit als Kultstätte diente.

Ob nun Sage oder Dichtung, Kult- oder heilige Stätte – irgendwas scheint auszugehen von diesem Felsgestein aus Urzeiten, denn die Eremitage im Eichenwald bei Troisdorf entwickelte sich in den folgenden 130 Jahren zum Pilgerziel eines Prozessionsweges, der von Sieglar nach Ravensberg führte. Noch heute zeugen die Straßenamen »Stationsweg« und »Ravensberger Weg« davon.

Die Eremitage ist vom Mauspfad aus ausgeschildert und über einen schmalen Pfad erreichbar. Die beiden Wegkreuze wurden aus Resten zerstörter Fußfallsteine errichtet und 2001 nochmals restauriert, an den Ringelstein versetzt und eingesegnet. Wer mag, kann niederknien, aber auch eine Bank lädt zum Verweilen ein.

Adresse Eremitage am Ravensberg, nahe Parkplatz Sebastianusweg, 53842 Troisdorf | ÖPNV Zug RB, RE, S 12, S 13, S 19, Bus RSVG 501, 503, 506, 507, 508, 551, Haltestelle Bahnhof Troisdorf | Tipp Nach einer schönen Rundwanderung durch die Wahner Heide empfiehlt sich der Biergarten vom »Heidekönig«, Mauspfad 3.

63_Christi Auferstehung

Die Gottesburg

Am Kopfende des Clarenbach-Kanals thront zwar keine Wasserburg, aber eine Gottesfestung. Erbaut Ende der 1960er Jahre von einem Architekten, der auch Bildhauer war. Gottfried Böhm hat Christi Auferstehung als architektonische Skulptur gebaut, erfahrbar auf allen Ebenen. Eine Allee säumt die kleine Wasserstraße, die auf den halbrunden Platz vor der Kirche zuläuft. Hier erhebt sich über einer Freitreppe das Gotteshaus in zig Formen, Windungen und Kanten in die Höhe. Versetzt dahinter der Glockenturm, an dem sich eine Wendeltreppe wie eine Locke in den Himmel schraubt.

Eine Kirche wie ein abstraktes Kunstwerk aus Rundem und Eckigem. Auch das Baumaterial aus Ziegeln und Beton scheint sich willkürlich abzuwechseln. Aber wie so oft bei dem katholisch-gläubigen Baumeister offenbart vieles einen »göttlichen Plan«. So wird einem der Eintritt in den Kirchenraum nicht leichtgemacht. Wie Jesus Christus, der nach seiner Auferstehung erst einen Fels zur Seite räumen musste, brauchen auch die Besucher ein bisschen »Schubkraft«, um das Portal zu öffnen.

Innen wird aus der Gottesburg eine behütende Höhle im Felsgestein. Das Mauerwerk wirkt wie gewachsen, durch das häufige Vor- und Zurück der Wände. Trotzdem ergibt sich eine klare Ausrichtung auf den Altarraum. Viele Meter über dem Altar hängt Jesus am Kreuz, seitlich versetzt und verschwindend klein, ganz ungewohnt für eine katholische Kirche. Durch den Kirchenbau tritt so das dreidimensionale Erleben des Auferstehungsglaubens in den Vordergrund. Auch die Fenster sind alles andere als klassisch bunte Bleiverglasungen: Ornamentale Collagen tauchen den Kirchenraum in rot getöntes Licht.

Die ursprüngliche Taufkapelle wurde 1987 zur Gedenkkapelle für Edith Stein umgewidmet. Die in Auschwitz ermordete Philosophin und Glaubenslehrerin wurde im selben Jahr von Papst Johannes Paul II. im Müngersdorfer Stadion seliggesprochen.

Adresse Brucknerstraße 16, 50931 Köln | **ÖPNV** Bahn 1, 7, Bus 172, 173, Haltestelle Melaten | **Öffnungszeiten** Di–So 10–17 Uhr | **Tipp** Lindenthal ist mit seinen Parkanlagen, Kanälen und Weiher ein Freizeit- und Jogger-Paradies.

64 Dietrich-Bonhoeffer-Kirche

Japan zu Gast

Wenn die Heimat über 9.300 Kilometer entfernt ist, kann man versuchen, im Exil heimisch zu werden. So auch die Japanisch-Evangelische Gemeinde, seit 30 Jahren beheimatet an der Decksteiner Mühle 1. Gegründet wurde sie Ende der 1970er Jahre, ausgehend von einem Bibelkreis der Bonner Universität. Schon bald traf man sich für die Gottesdienste in der Freien Evangelischen Gemeinde Köln-Lindenthal. Und seit 1990 feiern die Japanisch-Evangelischen ihre Messen in der gastfreundlichen Dietrich-Bonhoeffer-Kirche in Deckstein.

In Japan spielt das Christentum eine sehr bescheidene Rolle. Ein allmächtiger Gott hat wenig mit den traditionellen religiösen Vorstellungen des vielgötterverehrenden Shintō oder mit der Lehre von Buddha zu tun. Nur 1 Prozent der japanischen Bevölkerung sind bekennende Christen, und das natürlich auch nur durch den »Glaubensexport« im 16. Jahrhundert. Die deutsche missionarische Arbeit setzte in den 1880er Jahren ein. Heute haben evangelische Gemeinden in Japan etwa 650.000 Glaubensangehörige. In Köln kommt man auf 30 Mitglieder. Das mag nicht viel erscheinen, aber die Gemeinschaften sind auch in Japan nicht größer.

Vorherbestimmt war scheinbar der Entwurf für die evangelische Dietrich-Bonhoeffer-Kirche. Gemeinsam mit einem Altenzentrum in Auftrag gegeben, wurde die Kirche gebaut und schon zehn Jahre, bevor sie durch die japanische Gastgemeinde mitgenutzt wurde, vollendet. Und doch wirkt das Gotteshaus auf dem Eckgrundstück der Gleueler Straße seltsam von japanischer Architektur beeinflusst. Die weißen Außenwände enden in einem Fensterband. Darüber eine verschieferte Bedeckung. Ein minimalistischer Bau, mit einem pagodenartigen Dach.

Jeden Sonntag um 14 Uhr werden hier Messen auf Japanisch gefeiert, als Angebot auch für alle nicht evangelisch getauften Japaner, die eine Heimat fern von der Heimat suchen.

Adresse An der Decksteiner Mühle 1, 50935 Köln, www.evangelisch-in-lindenthal.de | ÖPNV Bus 146, Haltestelle Deckstein | Öffnungszeiten zu Gottesdiensten | Tipp Auf der anderen Seite der Militärringstraße wartet der vor 100 Jahren angelegte Felsengarten mit seinen alpinen Staudenpflanzen. Schmale Pfade führen durch die »Stadt-Schlucht«, deren Wände zum Teil bis zu 20 Meter in die Höhe ragen.

65 Krieler Dömchen

Zwergdom mit Zwergschule

Mer losse den Dom en Kölle – und dat Dömsche en Kriel. Denn da gehören sie hin, schon eine ganze lange Weile. Man vermutet, dass die kleine Kirche im 10. Jahrhundert errichtet wurde, als Eigenkirche des Hofgutes zu Crele, das dem Veedel Kriel später seinen Namen gab. Nach St. Gereon gilt sie als die zweitälteste Kirche Kölns. Geweiht wurde sie St. Stephanus, aber der Volksmund hat sie schon bald liebevoll in »Krieler Dömchen« umgetauft. Als Kriel noch nicht zu Köln gehörte, war man eben stolz auf seinen eigenen »Dom«.

Zum »Zwergdom« gehörte neben dem Kirchhof – als älteste Begräbnisstätte Lindenthals – auch eine Zwergschule und ein zweigeschossiges Pfarrhaus, in dem der Lehrer wohnte. Der idyllische Backsteinbau war die erste Schule im Viertel. In einem Raum büffelten 22 Kinder aller Altersstufen gemeinsam. Solch himmlische Lernbedingungen bestanden bis 1865, dann wurde eine größere Schule errichtet. Heute ist die Miniatur-Lehranstalt im Privatbesitz.

Als sich Köln im 19. Jahrhundert weit über die Stadtmauern hinaus ausbreitete, wurde es auch in den Weilern Linderhohe, Hohenlind und Kriel immer voller. 1886 baute man an der Bachemer Straße eine größere Pfarrkirche, die als neue St. Stephanus die Krieler Pfarrei übernahm. Das Krieler Dömchen hatte erst mal ausgedient.

Zerbombt im Zweiten Weltkrieg, wurde das Kirchlein wiedererbaut und bekam mit St. Albertus Magnus gleich ein neues Gotteshaus zur Seite gestellt. Beide teilen sich so manchen Gottesdienst. Das Dömchen ist besonders bei Hochzeiten sehr beliebt und erinnert daran, dass man nicht Kölner ist, sondern Krieler.

Um das Dömchen ranken sich einige Legenden. Unter anderem scheint auch Karl der Große vor Ort gewesen zu sein. Seit elf Jahrhunderten trotzt es Kriegen, Widrigkeiten und Vernachlässigungen und bleibt da auf seinem alten Platz auch weiter »joot« in Schuss.

Adresse Suitbert-Heimbach-Platz 1, 50935 Köln, www.st-stephan-koeln.de/gemeinde/unsere-kirchen/krieler-doemchen | ÖPNV Bus 146, Haltestelle Deckstein | Öffnungszeiten Mo–Fr 8–16 Uhr | Tipp Die Meisterbäckerei Bergheim an der Ecke Gleueler Straße/Mommsenstraße verwöhnt mit himmlischer Backkunst.

66 Paul-Gerhardt-Kirche

Die lokalpatriotische Kirche

Wenn Köln eine Farbkombination wäre, dann wohl Rot an Weiß. Ob Karneval, Fußball, kölsches Liedgut, kölsches Getränk – überall dominieren die elementaren »kölschen Tön« Rut und Wiess. Dabei ist der Ursprung dieses populären Farbduos total unkölsch: Es waren die Farben der Hanse, dem mittelalterlichen Städte- und Handelsbündnis. Rot und Weiß finden sich heute noch in den Stadtwappen vieler Hansestädte. So kam Köln zu seinen Lieblingsfarben.

Seit über einem Jahrhundert steht eine evangelische Kirche auf einer Straßeninsel in Lindenthal, passend zu ihren heimischen Wurzeln außen rot und innen ganz weiß. Das Grundstück an der Kreuzung Gleueler Straße und Lindenthalgürtel war ein Geschenk mit der Auflage, darauf ein Gotteshaus für die wachsende evangelische Pfarre zu errichten. In nur einem Jahr gebaut, konnte die neoromanische Backsteinkirche schon 1901 eingeweiht werden. Allerdings blieb sie offiziell namenlos und wurde wegen ihres roten Backsteingemäuers einfach »Die Rote Kirche« genannt.

Durch Luftangriffe fast völlig zerstört, wurde sie erst 1951 mit einfachsten Mitteln und einer grauen Putzfassade wiederaufgebaut. Bei der Neuweihe benannte man die nun farblose Kirche nach dem Theologen und Lieddichter Paul Gerhardt.

Erst durch eine umfangreiche Sanierung Mitte der 1990er Jahre erhielt sie wieder hellroten Putz und ist seitdem als »Rote Kirche« weithin erkennbar. Betritt man das Gotteshaus, geht das kölsche Herz auf: Der hohe Raum ist samt Kirchenbänken und Wänden ganz in Weiß gehalten.

Ob nun Zufall oder Bestimmung für die »lokalpatriotische« Gestaltung der Kirche gesorgt hat – ihr Namenspatron, der Theologe Paul Gerhardt, hat nicht nur lokal oder regional, sondern sogar international gewirkt. Seine vor 400 Jahren gedichteten Kirchenlieder wurden weltweit übersetzt und sind noch heute in katholischen wie evangelischen Gesangsbüchern vertreten.

Adresse Lindenthalgürtel 29, 50935 Köln, www.evangelisch-in-lindenthal.de | ÖPNV Bahn 13, Bus 146, Haltestelle Gleueler Straße/Gürtel | Öffnungszeiten zu Gottesdiensten | Tipp Gute Laune bekommen Retro-Fans bei »Good Mood Records« am Gürtel/Ecke Bachemer Straße: Hier finden sich Vinylplatten der 1950er, -60er, -70er und -80er Jahre und ungewöhnliche Vintage-Möbelstücke.

67 Raum der Stille

90 Minuten Sendepause

Bei rund 50.000 Studenten der Universität Köln, mit ihren 150 kleineren und größeren Hörsälen, ist es vielleicht nicht das unsinnigste Konzept, auch ein Refugium in all dem Hochbetrieb anzubieten. Schließlich hat kaum jemand Zeit, mal kurz zwischendurch in den eigenen vier Wänden aufzutanken.

Der »Raum der Stille« wurde 2017 eröffnet und steht allen Mitgliedern und Angehörigen der Universität zur Verfügung. Wer dem Lehrbetrieb den Rücken kehren möchte, muss vor dem Raum der Stille erst mal den Raum des Hausmeisters aufsuchen. Gegen Ausweisvorlage erhält man einen Transponder als Schlüssel für den Rückzugsort. Die Uhr läuft: Für 90 Minuten kann man ihn dann in aller Ruhe genießen. Von Yoga über autogenes Training bis zum Gebet sind alle stillen Aktivitäten erlaubt. Hierfür stellt die Hochschule Stühle, Matten und Kissen zur Verfügung. Aber auch eigene Gebetsteppiche, religiöse Symbole oder Meditationskissen können mitgebracht werden. Bei Zigtausenden Menschen treffen natürlich verschiedene Bedürfnisse und Kulturen aufeinander. Damit der Raum der Stille nicht zu viel Interpretationsraum bietet, gibt es klare Nutzungsregeln. Die besagen zum Beispiel, dass man Störungen und Lärm vermeiden soll, dass Essen, Trinken, Schlafen und der Gebrauch von elektronischen Geräten untersagt ist und dass der Raum mit seinem Inventar nicht verändert werden darf.

Eine solche »Gebrauchsanweisung« mit insgesamt sieben Paragraphen war wohl notwendig, das hat die Erfahrung an anderen deutschen Hochschulen gezeigt, wo »Räume der Stille« leider wieder geschlossen werden mussten.

Nach dem Gebot der »Big five« Respekt, Rücksicht, Miteinander, Ruhe und Achtsamkeit scheint die religionsneutrale Hochschul-Klause bislang zu funktionieren. Man findet den Raum Nr. 1.216 im Keller des Bauteils 2 im Hauptgebäude. Er kann barrierefrei oder über die Außentreppe rechts erreicht werden.

Adresse Albertus-Magnus-Platz, 50931 Köln, raumderstille.uni-koeln.de | ÖPNV Bahn 9, Bus 130, 134, 142, Haltestelle Universität | Öffnungszeiten Mo – Fr 7 – 19 Uhr | Tipp Nach der Stille bietet sich zur abschließenden Erholung wahlweise der Uni-Park, die Uni-Mensa oder das Phil-Café an.

68 Sandkapelle

Vom Kellerkabuff zur spirituellen Oase

Eine Bibelstelle, wo geschrieben steht: »Du sollst keine Andachtsstätte bauen, die einen Sandboden hat«, gibt es nicht. Auch die Zeiten des Eisenacher Regelwerks mit den Vorschriften, wie eine evangelische Kirche zu bauen sei, sind seit Langem passé.

Trotzdem gab es vor 20 Jahren erst mal großen Widerstand, als man plante, einen unspirituellen Betraum mithilfe von Sand umzukrempeln. Noch bevor auch nur ein Korn in die Bachemer Straße 27 einziehen konnte, knirschte es gewaltig zwischen der Evangelischen Studierendengemeinde Köln und der Landeskirche. Aber nach einiger Überzeugungsarbeit durch die ehemaligen Studentenpfarrer Julia Strecker und Stefan Schmidtlein konnte man alle Ebenen begeistern: Sand gehört wohl doch nicht nur an den Strand oder auf den Spielplatz, sondern auch in eine Kapelle. Der Boden aus Sand, dazwischen Wasserinseln – und aus dem Kellerkabuff wurde eine Seelen-Oase.

Aber dass Sand nicht gleich Sand ist, das musste man doch nach einiger Zeit feststellen. Mikrometerfeine Unterschiede entscheiden darüber, ob es zu einer Staubbelastung kommt – zu der es dann kam. Im Zuge einer umfassenden Sanierung 2015 musste das neue Seelsorger-Team der ESG unzählige Sandproben studieren, bis mit einer genau ausgetüftelten Körnung der makellose Bodendecker gefunden wurde.

In enger Zusammenarbeit mit der Architektin Bettina Kaiser wurde die Ursprungs-Idee dann perfektioniert: Helles Holz umrahmt den nun fehlerfreien Fußschmeichler. Die Kapelle ist diagonal auf ein bunt leuchtendes Kirchenfenster ausgerichtet. Heute ist die Sandkapelle ein besonderer evangelischer »Kirchenschatz« und ein Ort, der sofort andächtig werden lässt.

Vielleicht steckt ja doch etwas Wahres an der Gedichtzeile von William Blake, die besagt, dass man die ganze Welt in einem Sandkorn sehen könne. Der vor 200 Jahren verstorbene englische Literat soll schon als Kind Botschaften von Engeln und Propheten erhalten haben.

Adresse Bachemer Straße 27, 50931 Köln, www.esgkoeln.de/angebote/sandkapelle | ÖPNV Bus 142, Haltestelle Bachemer Straße | Öffnungszeiten Mo–So 8–20 Uhr | Tipp Auf Initiative von Amnesty International ist der bis 2002 namenlose Park an der Bachemer Straße zum Park der Menschenrechte geworden. Hier installiert sind Steinplatten mit Inschriften zu den Menschenrechten, gestiftet von verschiedenen Organisationen.

69 St. Elisabeth

Die Etagen-Kirche

Das Lindenthaler Krankenhaus gilt als eines der besten der Stadt. Doch die wenigsten Kölner kennen es unter seinem geweihten Namen St. Elisabeth. Allgemein firmiert es unter »Hohenlind«. Im Gebiet von Lindenthal gab es einst viele Hofgüter und Dörfer, deren Namen immer noch in Gebrauch sind. Hohenlind war ursprünglich der Name eines Ritterguts.

Das St.-Elisabeth-Krankenhaus wurde 1932 als »Deutsches Caritas Institut für Gesundheitsfürsorge« errichtet. Zeitgleich sollte dieser Bau auch mit einer Kirche verbunden werden. Direktor des Instituts war Johannes van Acken, geweihter Priester und bedeutender Vordenker des modernen Kirchenbaus im 20. Jahrhundert. Er lag auf einer Welle mit dem renommierten Kirchenbaumeister Dominikus Böhm und stand in regem Austausch mit ihm. Böhms Entwurf für Hohenlind setzte sich allerdings im Wettbewerb nicht durch. Kraft seines Amtes beauftragte Direktor van Acken ihn dennoch mit dem Bau der Kirche. Dank des visionären Duos aus Bauherr und Architekt kann man auch heute noch als Patient, Angehöriger, Besucher oder Architekturliebhaber einfach nur staunen: Böhm positionierte die Kirche im rechten Winkel zur Klinik, aber sie scheint sich wie ein Schiffsbug aus dem Krankenhaus herauszubewegen.

Das Innere des Gotteshauses ist einfach gewaltig: Mit einer unglaublichen Größe und Höhe bot es den Ordensfrauen, den vielen Gottesdienstbesuchern und den bettlägerigen Kranken ausreichend Platz. Über mehrgeschossige Emporen wollte der Architekt den Patienten aus allen Etagen das Mitfeiern des Gottesdienstes ermöglichen. Eine raumbreite Treppe mit 15 Stufen führt über einen roten Teppich zum Altarraum. Die gesamte Raumwirkung erinnert an ein Theater mit Bühne, Parkett- und Logenplätzen.

Prälat Johannes van Acken starb völlig überraschend 1937 auf einer Dienstreise. Unter großen Ehren wurde er in der Krypta »seiner« Kirche beigesetzt.

Adresse Werthmannstraße 1, 50935 Köln, www.hohenlind.de | **ÖPNV** Bus 136, Haltestelle Hohenlind | **Öffnungszeiten** Mo–So 9–17 Uhr | **Tipp** Auf der Rückseite des Krankenhauses lädt der »hauseigene« Park mit einigen Naturdenkmälern.

70_St. Hildegardis

Die Nonnenhaube

Wie der Vater, so der Sohn: Dominikus Böhm ist der Erbauer der mächtigen Krankenhauskirche in Hohenlind, und sein Sohn Gottfried gab der Seelsorge gleich zweimal ein Zuhause in den Kliniken Kölns. Das Krankenhaus an der Bachemer Straße hat die heilige Hildegard von Bingen zur Namenspatronin und eine lange klösterliche Tradition: Gegründet 1897 vom Orden der Alexianer, wurde es 1937 von der Ordensgemeinschaft der Augustinerinnen/Cellitinnen übernommen, die auch den Nachkriegsaufbau durchführten. Seit dem Jahr 2000 war der Malteserorden Träger der katholischen Klinik, heute sind es wieder die Cellitinnen.

Anfang der 1960er Jahre errichtete Gottfried Böhm hier eine Kapelle als Bau am Bau: Ein Betonkubus mit Faltdach lehnt sich im Innenhof an das historische Gemäuer. Der Weg führt durch die neogotische Gewölbehalle der Klinik zur Kapelle. Obwohl die Wände des Kapellenraumes mit den kleinen, buntverglasten Fenstern nur wenig Tageslicht einlassen, wirkt er strahlend hell: Alles ist weiß in weiß und erinnert besonders durch die strengen Falten der Betondecke an die historische Haubentracht der Ordensschwestern. Weiße Kirchenbänke reihen sich um den Altar. Der Raum ist nur mit einem Kreuz, einem Tabernakel und mehreren Kerzenleuchtern ausgestattet.

Im normalen Krankenhausbetrieb finden täglich Gottesdienste statt und werden auch über Lautsprecher in die Krankenzimmer übertragen. Neben der Bestimmung als sakrale Andachtsstätte kann man die Kapelle natürlich auch als Rückzugsort nutzen – abseits aller Sorgen, Nöte und Hoffnungen im alltäglichen und oft dramatischen Trubel eines Krankenhausbetriebs.

Denn schon vor tausend Jahren war eine zentrale Botschaft der heiligen Hildegard: »Drei Pfade hat der Mensch in sich, in denen sich sein Leben tätigt: die Seele, den Leib und die Sinne. Nur wenn diese drei Aspekte der Lebensführung ausgewogen beachtet werden, bleibt der Mensch gesund.«

Adresse Bachemer Straße 29–33, 50931 Köln, www.hildegardis-krankenhaus.de | ÖPNV Bus 142, Haltestelle Bachemer Straße | Öffnungszeiten zu Zeiten des Klinikbetriebes | Tipp Im Rücken der Kirche liegt der Hiroshima-Nagasaki-Park. Hier erinnert ein Mahnmal daran, Atomwaffen abzuschaffen. Es zeigt einen Origami-Kranich: Nach einer japanischen Legende wird jedem, der 1.000 Origami-Kraniche faltet, von den Göttern ein Wunsch erfüllt.

71_St. Johannes der Täufer

Die Uniklinik-Kirche

Aus den »Krankenhausanstalten Lindenburg« wurde Anfang der 1950er Jahre das Universitätsklinikum Köln. Wie in vielen Krankenhäusern übernahmen auch hier Ordensschwestern die Krankenpflege – denn Krankendienst war Gottesdient. Eine Kirche und ein Klostergebäude für rund 80 Schwestern waren unabdingbar. Eine weitere Anforderung an eine neue Kirche war der Anschluss an das unterirdische Gangsystem, das die Krankenhäuser miteinander verband. Ein Wettbewerb kürte den Entwurf von Gottfried Böhm zum Sieger, und 1965 wurde die Klinikkirche eingeweiht. Nun konnten sich 350 Gläubige und rund 30 Kranke unter dem gefalteten Gottesgewölbe einfinden.

Heute ist die Uniklinik das größte Krankenhaus der Stadt und versorgt stationär jährlich rund 60.000 Patienten, die Ordensschwestern sind mangels Nachwuchs ausgezogen. Die eigenwillige Betonkirche war 40 Jahre nach ihrer Erbauung deutlich in die Jahre gekommen, die Stahlbetonkonstruktion zeigte typische Schäden. Die Fassade am Forum war dringend sanierungsbedürftig: Abplatzungen an den Ecken, Flächen und Kanten, freiliegende, korrodierte Bewehrungsstäbe. Dazu kamen feuchte Wände durch undichte Stellen im Dach. In den Jahren 2007/2008 wurde eine Rundumsanierung am Baudenkmal durchgeführt – teilweise in Handarbeit, um die Flickstellen möglichst originalgetreu aussehen zu lassen.

Und so erstrahlt die dem heiligen Täufer Johannes geweihte Kirche 55 Jahre nach ihrer Einweihung in fast jugendlicher Frische. Damals wie heute großartig ist das umlaufende Fenster, verkleidet mit einem reliefartigen »Dornengeäst«. Die geschmiedete Skulptur von Hans Lückerath krönt die in den Fenstern dargestellten Kreuzwegstationen.

Sogar der angelegte Klosterhof ist reaktiviert: In Anlehnung an die historische Nutzung wurde er bepflanzt mit Stauden und Kräutern und lädt mit dem sanierten Brunnen als Oase zum Entspannen.

Adresse Joseph-Stelzmann-Straße 20, 50931 Lindenthal | **ÖPNV** Bahn 9, 13, Haltestelle Zülpicher Straße / Gürtel | **Öffnungszeiten** Mo, Mi, Sa, So 9–18 Uhr, Di, Do 9–19.15 Uhr | **Tipp** Fünf Gehminuten entfernt liegt der verwunschene Geusenfriedhof. Ursprünglich angelegt für die niederländischen Glaubensflüchtlinge, war er vor 400 Jahren die einzige Möglichkeit zur Bestattung evangelischer Christen.

72 St. Laurentius

Wissen statt Glauben

Die Kirche hat sich seit 60 Jahren nicht vom Fleck bewegt, sie ist einfach nur da – zukünftig aber nicht mehr für eine Glaubens-, sondern für eine Hörsaal-Gemeinde. Gewandelt hat sich die Welt um den unerschütterlich in sich ruhenden Quader, erbaut von einem Asketen, der seiner Zeit Jahrzehnte voraus war.

Emil Steffann gehörte zu den Architekten, deren Bauten sich nach dem Zweiten Weltkrieg durch Bescheidenheit, Einfachheit und Sinnhaftigkeit auszeichneten. Er verwendete meist Trümmermaterial oder Naturstein aus der Region und achtete auf handwerkliche Sorgfalt. Nachhaltigkeit und Regionalität waren für ihn schon lange vor der Zeit von zentraler Bedeutung. Steffann sah sich grundsätzlich der Bescheidenheit verpflichtet. An keiner architektonischen Strömung interessiert, bemühte er sich, so uneitel und »normal« wie möglich zu bauen. Die Verwendung von Trümmermaterial war sein Markenzeichen. Seine Bauwerke sind puritanisch, und die rund 40 Kirchen wirken oft so unaufdringlich, als habe es sie immer schon gegeben.

So auch St. Laurentius: Erst auf den zweiten Blick ist sie als Kirche zu identifizieren. Ein Brunnenhof schirmt das Areal von der lauten Außenwelt ab, die Kirche ist ein quadratischer Bau aus Trümmersteinen mit unscheinbarem Eingang. Auch das Innere ist verblüffend karg und einfach: ein klarer, ruhiger, kubischer Raum, die Wände aus den wiederverwendeten Backsteinen, alles ist auf das Einfachste reduziert. Das einzige »Schmuckstück«: ein riesiger Radleuchter als Lichtquelle. Als sich Sonntag für Sonntag zum Schluss nur noch um die 20 Besucher zum Gottesdienst eingefunden haben, musste die Gemeinde schweren Herzens von »ihrer« Kirche Abschied nehmen.

Umgewidmet zu einem Universitäts-Hörsaal wird in diesem Baudenkmal zwar nicht mehr gepredigt, gesungen und geglaubt, aber umso mehr gelernt und hoffentlich gewusst.

Adresse An St. Laurentius 1, 50931 Köln, www.st-stephan-koeln.de/gemeinde/unsere-kirchen/kirche-st.-laurentius | ÖPNV Bus 142, Haltestelle Bachemer Straße | Öffnungszeiten zu Vorlesungen | Tipp Nach ewigen Stunden in den Hörsälen kann ein bisschen Bewegung nicht schaden. Das Programm vom Hochschulsport ist riesig, oft kostenlos und bietet auch Nicht-Studenten zum Beispiel Lacrosse, Einradhockey oder Koreanisches Yoga.

73 St. Maria Magdalena und Lazarus

Die Kirche der Ausgestoßenen

Frauen links, die Männer rechts – so war die historische Sitzordnung in katholischen Kirchen. Aber in einer der ältesten Kirchen Kölns saßen auf der einen Seite die Gesunden und auf der anderen die Aussätzigen.

Die Kirche der heiligen Maria Magdalena und des heiligen Lazarus steht seit 1243 nahe der Via Belgica (Aachener Straße) auf dem riesigen »Park der letzten Ruhe«, auch bekannt als Melaten-Friedhof. Auf dem Gelände des heutigen Friedhofs stand vor Jahrhunderten eines von vier mittelalterlichen Hospitälern, in denen man dahinsiechende Kranke versorgte. In dem Fall waren es Leprakranke. Die Kirche, die noch mal ein paar Jährchen älter ist als der Dom, übernahm die Seelsorge der Ausgestoßenen, bis sie 1767 geschlossen wurde.

Nach den Gesetzen der französischen Besatzung sollte für die Kölner ein Friedhof außerhalb der Stadtmauern geschaffen werden. Auserkoren wurde dazu das Areal Melaten an der alten Römerstraße Richtung Aachen, und so gab es eine erste Umwidmung von einer Hospizkirche in eine Friedhofskirche. Aus dieser Zeit stammt auch der Name des Stadtteils: Aus dem französischen »malade« für krank wurde das eingekölschte Melaten.

1919 wuchs das Viertel, und das kleine Gotteshaus wurde zwischenzeitlich zur Pfarrkirche. In den 1990er Jahren diente sie als Übergangskirche für die russisch-orthodoxe Gemeinde und hatte dann für viele Jahre keine Funktion mehr. Bis sie dank des Vereines St. Maria Magdalena und Lazarus als historisches Kleinod der Domstadt aus ihrem Dornröschenschlaf geweckt wurde. Mit großem Engagement kümmern sich die Mitglieder nicht nur um die öffentliche Wertschätzung, sondern auch um den Erhalt, die Sanierung und Neunutzung – als Stätte für Trauerfeiern ebenso wie als Ort der Kultur, für Kunstausstellungen, Buchpräsentationen oder Konzerte.

Adresse Aachener Straße 204, 50931 Köln, www.magdalenen-verein.koeln | ÖPNV Bahn 1, 7, Haltestelle Melaten | Öffnungszeiten jeden 1. Sa im Monat 15 – 17 Uhr, 22. Juli, 1. und 2. Nov. und nach Vereinbarung über info@magdalenen-kapelle.de | Tipp Auf der sogenannten »Millionenallee« des Friedhofes finden sich pompöse Grabstätten und Familien-Mausoleen prominenter und betuchter Kölner.

74 St. Stephan

Der Zahnstocher von Lindenthal

Köln gilt auch als die »nördlichste Stadt Italiens« – da scheint was dran zu sein: Die katholische Kirche in der Bachemer Straße steht nämlich auf der »Piazza Di San Stefano«.

So lautet zumindest das Schild, angebracht am freistehenden Kirchturm von St. Stephan. Eigentlich war das »Krieler Dömchen« (siehe Kapitel 65) zuständig für diesen Bezirk. Als das Gebiet um Hohenlind aber immer weiterwuchs, musste ein größeres Gotteshaus gebaut werden. Eingeweiht 1889, wurde St. Stephan 15 Jahre später auch die Hochzeitskirche für die erste Eheschließung Konrad Adenauers. Fliegerbomben sorgten für mehrfache Zerstörungen, nur der Turm blieb stehen. Aber durch einen weiteren Bombentreffer geriet er in Brand, und seine markante »Zahnstocher«-Spitze fiel brennend auf das Kirchenschiff.

Nach dem Krieg ging es erst mal in eine Notkirche, bis diese Ende der 1950er Jahre endgültig zu klein wurde für die wachsende Gemeinde. Unterstützung für einen Neubau erhielt die Pfarre vom Kölner Oberstadtdirektor, dem Sohn von Konrad und Emma Adenauer. Nach Plänen des Architekten-Ehepaares Margot und Joachim Schürmann konnte man 1959 mit den Bauarbeiten beginnen, und aus der neugotischen St. Stephan wurde eine neu gedachte Kirche.

Der standhafte Turm bekam nun ein flaches Dach, und ihm wurde ein für die damalige Zeit kühner Stahlbau zur Seite gestellt: Getragen von einer niedrigen Mauer »schwebt« ein milchig weißer und silbern schimmernder Kubus seitdem neben dem rotbraunen Glockenturm. Das Kircheninnere präsentiert sich lichtdurchflutet und filigran. Der Raum wird getragen von zwölf schlanken vergoldeten Stützen.

Dieser ebenso sachlich-elegante wie poetische Kirchenbau gehörte zu den ersten Projekten des erfolgreichen Architekten-Paares Schürmann. Aber zum Team gehörte auch ein weiteres Mitglied der Familie: Der Bildhauer Werner Schürmann krönte das moderne Haus Gottes mit einem außergewöhnlichen Altarkreuz.

Adresse Bachemer Straße 104a, 50931 Köln, www.st-stephan-koeln.de | ÖPNV Bus 146, Haltestelle Leiblplatz | Öffnungszeiten zu Gottesdiensten | Tipp Auf der Ecke zum Gürtel hält ein Kleinod seit vielen Jahren die Stellung für die Kleinen: »Spielwaren van Dillen« bietet Ausgesuchtes zum Spielen und Kuscheln.

75 Mikaelskirche

Die Kirche mit Doppelnamen

Köln liegt nicht in Äthiopien, aber ein paar Quadratmeter Äthiopien sind in Köln beheimatet. In den 1970er Jahren mussten viele unfreiwillig ihre Wurzeln im Osten Afrikas verlassen und machten sich auf einen langen Weg ins Exil. Mit ausgewandert ist natürlich auch das Glaubensgut, die äthiopisch-orthodoxe Religion. Umgeben vom Islam konnte sich in Äthiopien die Nationalkirche über Jahrtausende gegen alle Angriffe verteidigen und das Glaubensgut aus frühchristlicher Tradition bewahren.

Im Rheinland wurde Köln zu einem neuen Zuhause, und ein kleines Kirchlein in Longerich wurde zum deutschen Zentrum der äthiopischen Kirche. Die als Lutherkapelle erbaute Kirche war schon einmal Herberge für eine Gemeinde in der »Diaspora« – als die Protestanten im erzkatholischen Longerich eine kleine Minderheit waren. Zur Sonntagsmesse mussten sie zur nächstgelegenen Kirche in Nippes marschieren, bis 1933 endlich das eigene Gotteshaus bezogen werden konnte. Der Longericher Architekt Josef Dodemont erbaute aus einem ehemaligen Stallgebäude eine Saalkirche samt Glockenturm im Miniatur-Format.

Als Anfang der 1980er Jahre die kleine äthiopische Glaubensgemeinschaft auf der Suche nach einem Gotteshaus war, schien das Timing perfekt für einen neuen Lebensabschnittspartner der Lutherkapelle. Denn durch den neuen Bau der viel größeren Immanuelkirche wurde sie immer seltener genutzt. So konnte man die Kirche den äthiopischen Glaubensgeschwistern erst zur Mitnutzung überlassen und 2010 schließlich an sie verkaufen.

Bis heute steht »Lutherkapelle« über dem Portal, obwohl sie nach dem Kauf neu »getauft« wurde: Aus der Lutherkapelle wurde die dem Erzengel geweihte Mikaelskirche. Die Gottesdienste werden in der antiken alt-äthiopischen Sprache gefeiert und sind reich an Hymnen und besonderen Liturgieformen – eine christliche Religion in einer einzigartig bunten und bewegenden Gestalt.

Adresse Lindweilerweg 94, 50739 Köln, www.aethiopisch-orthodoxe-kirche-deutschland.de | **ÖPNV** Bahn S 6, S 11, Bus 121, 125, 127, 139, Haltestelle Longerich | **Öffnungszeiten** zu Gottesdiensten | **Tipp** Von den »Engelsflügeln« lohnt ein Spaziergang zum ehemaligen Kölner Flughafen für Luftschiffe und Flugzeuge. Stillgelegt und denkmalgeschützt ist der Butzweiler Hof heute Sitz der »Motorworld Rheinland«.

76 All Saints Church

Die britische Insel in Köln

Lange 100 Jahre »vagabundierte« die britische Gemeinde von hier nach da, bevor sie sich endlich gotteshäuslich niederlassen konnte. Die Anglikanische Kirche in Köln wurde um 1850 für die Angehörigen des britischen Konsulats gegründet. Für die Gottesdienste wurde erst die St.-Georgs-Kapelle im Overstolzenhaus genutzt, danach der Billardraum eines Hotels, später gastierten die Briten auch in der Antoniterkirche, dann in der Kölner Rathauskapelle. Erst nach dem Zweiten Weltkrieg wuchs die Gemeinde durch die britische Rheinarmee so stark an, dass dem Bau einer eigenen »Church« nichts mehr im Wege stand. Nach dem Motto »All's well that ends well« konnte man 1951 endlich den Grundstein für eine eigene Kirche legen.

Inmitten des noblen Villenvorortes Marienburg sollte ein Gotteshaus entstehen, das an die Kirchen Englands erinnert. Architekt war Rudolf Schwarz, der nach 1945 den Wiederaufbau Kölns und den katholischen Kirchenbau in Westdeutschland prägte. Die All-Saints-Kirche scheint in seinem Gesamtwerk der einzige nicht-katholische Sakralbau zu sein.

Ganz nach feiner englischer Art nähert man sich der ehemaligen Garnisonskirche über eine halbrunde Auffahrt – und steht vor einem Ziegelbau, der sich in seiner ehrwürdigen Schlichtheit deutlich von der umgebenden Villen-Opulenz abhebt. Auch in ihrer Architektur spricht die All Saints Church tatsächlich eine andere Sprache als die zahlreichen katholischen Kirchenbauten aus dem Büro Schwarz.

Die All Saints Church an der Bonner Straße ist heute Kölns Baudenkmal Nr. 7306 und möchte im Kölner Exil eine fröhliche Gemeinschaft bieten, ein Ort sein, an dem man sich zu Hause fühlen kann. Dafür sorgen nicht nur die sonntäglichen Gottesdienste in Landessprache, sondern Konzerte, Feste, Basare, Gartenpartys, Wanderungen und alles, was verbindet mit dem heimischen »way of life«.

Adresse Lindenallee 61, 50968 Köln, www.anglicanbonncologne.de | ÖPNV Bus 132, Haltestelle Leyboldstraße | Öffnungszeiten zu Gottesdiensten | Tipp Am Verteilerkreis neben der Kirche steht seit 2008 die »Standortmitte«. Diese Skulptur von Lutz Fritsch hat noch einen Zwillingsbruder in Bonn, an beiden Enden der A 555 markieren sie als Nadeln die Verbundenheit der Städte Köln und Bonn.

77 Reformationskirche

Jazzkonzerte in der Burg

Die evangelische Kirche wurde um 1905 nach Plänen des Architekten Otto March errichtet. Und auch damals, wie es scheint, nicht ohne ein wenig Kölsch-Geklüngel: Der von der Wettbewerbsjury erwählte Architekt hatte für einige der Hauptfinanziers Anwesen im Villenvorort Marienburg gebaut und war sogar mit einem verschwägert.

Die Vorgabe war, dass sich die Kirche dem vorherrschenden Landhausstil im edlen Vorort anpassen sollte. Dies erreichte March durch die grobe Steinfassade und durch einen Bau, der fast burgartig wirkte. Das Gotteshaus fügte sich malerisch in die schmucke Umgebung – bis zu schweren Beschädigungen durch die Bombenangriffe im Krieg. Ende der 1950er Jahre wurde die Reformationskirche wiederaufgebaut und dabei teils modern ergänzt. Von besonderer Bedeutung ist das monumentale, 15 Meter hohe Betonglasfenster, das vom Bildhauer und Künstler Eugen Keller geschaffen wurde. Es zeigt die nach Christus strebende Schöpfung, Menschen, Tiere, Mond und Sterne, die sich auf den Gottessohn zubewegen.

Die Orgel, auch ein Prunkstück aus den 1960er Jahren und erbaut vom legendären Orgelbauer Willi Peter, musste vor einigen Jahren saniert werden. Technik und Elektrik waren mittlerweile veraltet, im Betrieb sprühten wohl auch mal die Funken. Zudem hatte die Orgel schon seit Jahrzehnten nicht mehr den passenden Klang für die Kirche. In Marienburg nur noch die »kranke Orgel« genannt, konnte sie mit großzügigen Spenden aus der Gemeinde nach einer einjährigen Restauration als geheilt in die Reformationskirche entlassen werden.

Seit zehn Jahren ist das denkmalgeschützte Gotteshaus in regelmäßigen Abständen auch berühmt als »Jazz-Kirche«. Jazz beim Gottesdienst – Saxophon, Trompete, Schlagzeug und Bass mit Swing, Blues und Soul laden zu einem ganz besonderen Kirchenerlebnis. Nach der Messe geht es draußen weiter mit Kölsch und natürlich Jazz.

Adresse Mehlemer Straße 29, 50968 Köln, www.kirche-bayenthal.de | ÖPNV Bus 130, 132, 134, Haltestelle Bonner Straße/Gürtel | Öffnungszeiten zu Gottesdiensten | Tipp An der Militärringstraße 10 geht es unter die Erde: Im Festungsmuseum kann man am ersten Samstag und am dritten Sonntag im Monat einen Rundgang durch die preußische Fortanlage machen.

78 St. Maria Königin

Das Gotteszelt

Keine Marien-*Burg* sollte es werden, sondern ein Zelt Gottes für die Himmelskönigin. Die Gutsvilla Marienburg gab es schon seit 1845, seitdem hat sich der Stadtteil Marienburg zu einem bevorzugten Wohngebiet der Wohlhabenden entwickelt.

Eine katholische Kirche bekam der noble Vorort erst knapp 50 Jahre nach der protestantischen Reformationskirche. Seit 1932 wurde die kleine Kapelle in der Villa Fieth als Andachtshaus der katholischen Marienburger genutzt. Der im Viertel wohnende Dominikus Böhm schlug vor, eine Basilika neben der Villa zu errichten. Der Zweite Weltkrieg verzögerte den Bau um 20 Jahre. Erst um 1953 wurde die Kirche St. Maria Königin inmitten eines Kiefernhains errichtet. Böhm schuf einen Bau auf quadratischem Grundriss mit einem flachen Zeltdach. Die Kirche ist nur auf der Südseite mit einer monumentalen, künstlerischen Fensterwand versehen. Im Innenraum scheint die Decke wie von Zeltstangen in die Höhe gehoben. Das Ambiente ist lebendig und wirkt beschützend.

Vielleicht war der Name Programm für das Lebenswerk, schließlich trug der Begründer der Kirchenbau-Dynastie Böhm den lateinischen Vornamen Dominikus, was so viel bedeutet wie »zum Herrn gehörig«. Sein persönliches Credo lautete: »Ich baue, was ich glaube.« Der Baumeister des Glaubens schuf zeitlebens mehr als 50 Neu- und Umbauten von katholischen Gotteshäusern. »Er war der bahnbrechende Meister, der die kirchliche Baukunst aus den Fesseln des Historismus löste«, so das Lob von Josef Kardinal Frings.

St. Maria Königin sollte Dominikus Böhms vorletzter Kirchenbau werden, sie wurde ein Jahr vor seinem Tod fertiggestellt und geweiht. Entgegen den ursprünglichen Plänen des Vaters, setzte Gottfried Böhm der Kirche sechs Jahre später noch einen Turm an die Seite. Architektonisch ein gelungenes Pendant, aber seitdem erinnert sie tatsächlich eher an eine Marien-*Burg* als an ein Zelt Gottes.

Adresse Goethestraße 84, 50968 Köln, www.am-suedkreuz-koeln.de | ÖPNV Bus 130, Haltestelle Leyboldstraße | Öffnungszeiten zu Gottesdiensten | Tipp Im nahe gelegenen Fritz-Encke-Volkspark kann man sich erholen und gleich in einen weiteren Tempel einkehren – den 1920 erbauten Brunnentempel.

79__Et Kapellche

Die Kapelle gehört uns!

Es war einmal – und ist nicht mehr: Das Kloster der Redemptoristen war nicht mehr zu retten, es sei denn mit unzähligen Neuanmeldungen für den Ordensbeitritt. Mit nur acht Brüdern im betagten Alter gab es keine Zukunft mehr für die Ordensgemeinschaft in der Holsteinstraße. Knapp vor dem 50-jährigen Jubiläum hat das Kloster die Tore im Jahr 2014 für immer geschlossen. Bezogen hatten die Redemptoristen den neu gebauten Backsteinkomplex am alten Mülheimer Friedhof 47 Jahre zuvor.

Die Schließung des Klosters betraf aber nicht nur die Ordensmänner selbst. Zu den Gottesdiensten in der Klosterkapelle fanden sich immer Gläubige aus dem Veedel ein. So kamen zu den Sonntagsmessen der acht Ordensbrüder oft noch 80 Besucher. Die Kapelle war für viele eine geistliche Heimat geworden. Und so war die Schließung des Standortes nicht nur ein großer Verlust für die kleine Redemptoristen-Gemeinde, sondern auch für die Glaubensgemeinde in Mülheim.

Der Abriss der Klostergebäude war beschlossene Sache, aber das letzte Wort noch nicht gesprochen. Schnell formierte sich im Viertel Widerstand zur Errettung der Kapelle, sie durfte einfach nicht mit »untergehen«. Eine Initiative von engagierten Mülheimer Bürgern gründete einen Verein, der den »Rettungsdienst« übernahm und mit Herzblut für das Bewahren des Gotteshauses sorgte.

Der Einsatz hat sich gelohnt, die kleine Klosterkirche wurde profaniert und firmiert seitdem unter dem liebevollen Namen »Et Kapellche«. Gemeinsam mit dem neuen Eigentümer, der Wohnungsbaugesellschaft GAG, wurde sie wieder auf Vordermann gebracht und steht umfangreich renoviert seit 2019 offen für jedermann. Als Nachbarschafts- und Kulturzentrum inklusive Veedelscafé, Lesungen, Ausstellungen, Filmabenden, Konzerten, Singen, Yoga, Tai Chi, Meditation. So wurde aus dem wertgeschätzten Kirchlein eine lebendige Begegnungsstätte.

Adresse Holsteinstraße 1, 51065 Köln, www.etkapellche.de | ÖPNV Bahn S 6, S 11, Bus 159, 171, Haltestelle Buchforst S-Bahn | Öffnungszeiten Programm siehe Webseite | Tipp Einen Katzensprung entfernt liegt die Katzenbuckelbrücke im Mülheimer Hafen: 1957 eröffnet, ist sie durch ihre außergewöhnliche Form auch heute noch ein Hingucker.

80 Kulturbunker

Die bombensichere »Kirche«

Als Anfang der 1940er Jahre massiv Luftangriffe auf deutsche Städte einsetzten, startete das sogenannte »Führer-Sofortprogramm« als eines der größten Bauprojekte der deutschen Geschichte. Dieses Programm betraf zunächst Berlin und weitere 60 Städte mit mehr als 100.000 Einwohnern: Bis 1943 wurden rund 2.000 Bunker in den und aus dem Boden gestampft.

So kamen die Architekten auch in Kriegszeiten zum Bauen. Dabei entstanden ganz eigentümliche Gebäude. Wo Schutzräume unter Keller nicht möglich waren, wurde in die Höhe gebaut. Solche Hochbunker wurden oft mit Malereien und falschen Dächern versehen, um den Eindruck von »normalen« Häusern zu erwecken. Solche Maskeraden sollten die wahre Funktion verschleiern, in Köln und Düsseldorf haben gewisse Tarnungen auch eine falsche Nutzung vorgegaukelt. Mithilfe eines Turmes und aufgemalten Fenstern versuchte man, einen Hochbunker als Kirche auszugeben: Man ging davon aus, dass bei Luftangriffen Kirchen verschont bleiben würden.

Die drei heute noch in Köln stehenden Kirchenbunker wurden vom Architekten Hans Schumacher 1942 entworfen. Bevor er zum »Fake-Kirchen-Baumeister« avancierte, wurde Hans Schumacher auch überregional durch seine avantgardistischen Villenbauten in Rodenkirchen bekannt.

Der Kirchenbunker in Mülheim ist heute unter dem Namen »Kulturbunker« bekannt, als Ort für Veranstaltungen und Ausstellungen. Während hier vor 80 Jahren Hunderte von Menschen auf engstem Raum hinter meterdicken Betonschichten Schutz vor Bomben suchten, wird nun mit einem vielfältigen Kulturprogramm mit Musik, Tanz, Theater, Kunst und Party auf lebendige Gegenwart gesetzt.

Die Kirchenbunker gelten als eine architektonische Besonderheit des Zweiten Weltkrieges, und so steht auch der Mülheimer Kulturbunker seit 1980 unter Denkmalschutz, als Teil der städtischen Erinnerung an Krieg und Nazizeit.

Adresse Berliner Straße 20, 51063 Köln, www.kulturbunker-muelheim.de | ÖPNV Bahn 4, Bus 151, 152, 155, Haltestelle Von-Sparr-Straße | Öffnungszeiten zu den Veranstaltungen, siehe Webseite | Tipp Im »Stuntwerk Köln« kann man sich nach dem ausgiebigen Kulturgenuss wieder austoben: Auf 2.000 Quadratmetern gibt es neben Fitness- und Parkour- auch ein großes Boulder-Areal mit zahlreichen Kletterwänden.

81__Lutherkirche

Halleluja in Gottes Fertighaus

Not macht erfinderisch, und aus ihr kann man auch eine Tugend machen. Auf Otto Bartning traf beides zu, der Architekt ging ab 1946 mit einem besonderen Baukonzept in Serie.

Die Not an Kirchen war groß nach dem Zweiten Weltkrieg, allein in Köln waren rund 200 Gotteshäuser so zerstört, dass nur ein Neubau infrage kam. Alles Mögliche wurde zum Betraum umfunktioniert. Beide großen Christenkonfessionen halfen sich gegenseitig mit Behelfsorten aus, und mit Hochdruck wurde wiederauf- und neu gebaut.

Um den kriegsbedingten Mangel schneller zu beheben, ersann das evangelische Hilfswerk das sogenannte Notkirchenprogramm. Das maßgebliche Konzept wurde von Otto Bartning beigesteuert, einem bedeutenden Meister des modernen Kirchenbaus. Berühmt wurde er durch seine visionäre Idee der »Serien-Kirche«. Durch einen festgelegten Bauplan für ein »Fertig-Gotteshaus« konnten evangelische Kirchen nun leicht und schnell errichtet werden. Ein vorfabriziertes Holzskelett wurde geliefert und vor Ort aufgestellt. Die Gemeinde baute ihrerseits das Fundament und das Mauerwerk, meist aus dem vorgefundenen Trümmermaterial. So ging die »Spiritualität in Serie« – deutschlandweit wurden 43 solch mustergültiger Kirchen von Typ A, B und C errichtet. Trotz der seriellen Herstellung gleicht keine Notkirche der anderen. Und was minimalistisch klingt und von außen auch so wirkt, überrascht im Inneren als einmaliges Raumerlebnis in Holz. Die einzige in dieser Leichtbauweise errichtete Kirche in Köln ist die Lutherkirche in Mülheim. So einfach ihr Aufbau war, ein schneller Abbau oder gar Abriss ist unmöglich, denn sie steht heute unter Denkmalschutz.

Der Bauboom der Kirchen dauerte in der Nachkriegszeit noch bis Mitte der 1960er Jahre an. So besagt ein Bonmot aus der Zeit, dass man sich in Köln jeden Sonntag bei einer anderen Kirchweihe die Zeit vertreiben könne.

Adresse Adamsstraße 47, 51063 Köln, www.geistreich-koeln.de | **ÖPNV** Bahn 4, Bus 104, 150, 151, 152, 153, 155, 156, 260, 434, Haltestelle Keupstraße | **Öffnungszeiten** nach Absprache, Tel. 0221/618009 | **Tipp** Die Lutherkirche ist seit 2007 Heimat der Jugendkirche »Geistreich«: Die »Young Generation« der Gemeinden Brückenschlag, Mülheim und Dünnwald bekam mit der Lutherkirche ein eigenes Gotteshaus.

82 St. Urban

Die Kirche neben der Spur

Die dem Papst Urban geweihte Kirche ist gleich zweimal auferstanden: Um 1911 errichtet, stand sie ursprünglich in der Ferdinandstraße, bis auch sie im Zweiten Weltkrieg durch Bombentreffer zur Ruine mutierte. Wiederaufgebaut wurde sie Mitte der 1950er – und zehn Jahre später schon wieder abgerissen.

Vorausgegangen war ein langjähriger Streit. Denn zur selben Zeit wie die Kirche entstand auf einem ehemaligen Industrieareal die sogenannte Stegerwaldsiedlung als Musterbeispiel des modernen Großstadtwohnungsbaus. Im Herzen der neuen Siedlung sollte auch eine Kirche gebaut werden – aber damit geriet man in Konflikt mit der Pfarre St. Urban, die ihre kriegszerstörte Kirche mit großem Engagement hatte wiedererrichten lassen, bevor sie durch die neue Siedlung an den Rand des Pfarrgebietes gedrängt wurde.

Nach weiteren Debatten forderte eine umstrittene Stadtplanung ihren Tribut, und das Gotteshaus war zum Abriss verurteilt: Die neue Autobahntrasse zur Zoobrückenauffahrt sollte neben und durch die gerade erst wieder auferstandene Kirche führen.

Und so wurde ein paar hundert Meter weiter 1965 der heute noch stehende Kirchenbau inmitten der Stegerwaldsiedlung errichtet. Orgel, Glocken und weiteres Inventar zogen mit um in den Neubau vom Kölner Kirchenbaumeister Fritz Schaller. St. Urban 3.0 präsentiert sich als ein typisches »Schaller-Kirchen-Turm-Duo«, hier mit weit heruntergezogenen Schieferdächern, nur schmal durchbrochen durch Fensterbänder und lamellierte Trapezfenster.

Dennoch wirkt der Innenraum sehr weit und licht. Seitlich versetzt hinter dem Altar begegnet man Jesus am Kreuz. In einer katholischen Kirche keine Überraschung, aber ein überraschendes Werk, geschaffen vom Kölner Künstler Walter Prinz. An einem großen Holzkreuz leidet ein kantiger, in Würfelformen aufgelöster Körper – Gottes Sohn als kubistische Bronzeskulptur.

Adresse Ulitzkastraße 5, 51063 Köln, www.kirche-deutz-poll.de | ÖPNV Bahn 3, 4, Haltestelle Stegerwaldsiedlung | Öffnungszeiten zu Gottesdiensten | Tipp Weil es die Zoobrücke gibt, gibt es auch den Skatepark unter der Zoobrücke. Bestens überdacht sind bei allen Wettern neben Skateboardern auch Scooter, BMX und Rollerblader am Start.

83 St. Vitalis

Aus der Kirche entspringt ein Fluss

Im Vergleich zur heutigen Kirche St. Vitalis war ihr Vorgängerbau wahrscheinlich fast »unsichtbar«: Schon vor 200 Jahren wurde er zu klein für das wachsende Müngersdorf. Allerdings musste die katholische Gemeinde noch weitere 70 Jahre ausharren, bevor sie endlich in ein größeres Gotteshaus einziehen konnte. Und das ist ziemlich üppig ausgefallen für eine Dorfkirche vor den Toren der Stadt: Der monumentale neoromanische Neubau entstand 1890 nach den Plänen von Theodor Kremer.

Anscheinend plante der Architekt in weiser Voraussicht lieber zu groß als zu klein, denn Anfang des 20. Jahrhunderts brachte die Industrialisierung Müngersdorf einen rasanten Aufschwung: Aus dem bäuerlichen Dorf wurde ein kleines, charmantes Vorstädtchen, attraktiv für die Künstler- und Intellektuellenszene der Zeit. Beide Weltkriege konnte das Gemäuer relativ unbeschadet überstehen, aber alle Fenster gingen zu Bruch. Durch eine längere fensterlose Zeit haben die Wandmalereien stark gelitten. Zum Erhalt blieben nur zwei Optionen: umfangreiche Restaurierungen oder ein zeitgemäßes Update.

Den Zuschlag für eine Neufassung erhielt das in Müngersdorf lebende Architekten-Duo Maria und Rudolf Schwarz. Die ursprüngliche Einrichtung und die Wandbemalung wurden entfernt, Innenwände in einheitliches Weiß getaucht: Stille und Erhabenheit strahlt der Raum nun aus. Das Einzigartige am neuen Raumkonzept aber war die Gestaltung des Fußbodens. Statt dem alten Belag fließt nun ein Strom aus weißem Marmor in sich ausbreitenden Wellen vom Portal bis zum Taufbecken, der Quelle des Glaubens.

Seit 2009 strömt er auch »unsichtbar« weiter vor die Kirche zum neu gestalteten Wendelinusbrunnen. An der Quelle des jetzigen Brunnens wurden seit jeher die Tiere getränkt. So strömt der Lebensfluss den Menschen entgegen – vom Taufbecken durchs Kircheninnere zum Brunnen auf dem Vorplatz.

Adresse Wendelinstraße 52, 50933 Köln, www.kirche-im-leben.de/unsere-kirchengemeinde/kirchen | ÖPNV Bahn 1, 7, Bus 141, 143, 144, Haltestelle Alter Militärring | Öffnungszeiten Di–So 10.17 Uhr | Tipp Das ehemalige preußische Fort V am Walter-Binder-Weg wurde von der Gestapo benutzt als jüdisches Ghetto und Deportationslager. Seit 2020 erinnert hier ein Mahnmal des verstorbenen Künstlers Simon Ungers daran, was Menschen anderen Menschen angetan haben.

84_Christuskirche

Die Untergrund-Kirche

Der Dom ist der Christuskirche mit seinen Spitzen zwar turmhoch überlegen, aber dafür hat die evangelische Kirche mit ihrem Kellergewölbe zur Musikgeschichte der Stadt beigetragen. Im Krieg war das Untergeschoss der Christuskirche sogar lebensrettend: Nur der Turm mit dem Souterrain, in dem viele Schutz vor den Bomben suchten, blieb stehen. 1980 wurde zum Schicksalsjahr für die Kirche – man plante ihren Abriss. Zum Glück wurde dieser abgewendet und der Kirchturm mit seinem Keller stattdessen zum Baudenkmal erklärt.

Nun nahm alles seinen Lauf, und die Kirche setzte sich mit ihrem Keller selbst ein Denkmal. Denn unter dem Gotteshaus wurde es ab Ende der 1970er Jahre laut und legendär: In den heiligen Gemäuern traten nationale und internationale Künstler und Bands auf: Joy Division, Trio, Bläck Fööss, Annie Lennox, Ladysmith Black Mambazo, Zeltinger, The Knack. Außerdem gilt das »Basement« auch als Geburtsort der Band BAP. Im Laufe der 90er Jahre wurde die Pilgerstätte dann unpopulärer für die junge Musikszene, und mit dem Umbau der Kirche kam 2013 das Ende – nach 34 Jahren gehörte das Basement nun auch zur Geschichte.

Für die Kirche wurde ein neues Kapitel aufgeschlagen. Mit dem Entwurf »Wohnen in der Kirchenmauer« entstand ein außergewöhnliches Ensemble: Der Turm ist mit einem neuen Kirchenschiff das Herzstück der Anlage, verkleidet mit einer Reliefwand aus Stahl. Links und rechts wird er flankiert von knallweißen Gebäuderiegeln. Sie beherbergen wabenartige Gewerbe-, Büro- und Wohnflächen.

Alles erstrahlt in neuem Glanz und ganz anders als zunächst geplant – seit 2019 auch wieder das Kellergewölbe. Die Gemeinde hat nochmal sechsstellig in Renovierung, Technik und Ausstattung des »Basements« investiert, um auch diese Legende wiederauferstehen zu lassen. Seitdem steht der kultige Keller multimedial aufgerüstet als »Basement 2.0« parat.

Adresse Dorothee-Sölle-Platz 1, 50672 Köln, www.christuskirche-mitten-im-leben.de | ÖPNV Bahn 12, 15, Haltestelle Christophstraße/Mediapark | Öffnungszeiten zu Gottesdiensten und nach Absprache | Tipp Vom Untergrund geht es in die Acht: Hinter der Adresse an der Spichernstraße 10 verbirgt sich ein Wein-Bar-Restaurant mit moderner Spitzenküche.

85__Neu St. Alban

Aus Alt mach Neu St. Alban

Der letzte Vorhang für das alte Opernhaus am Ring fiel nur 56 Jahre nach seiner Einweihung – dann wurde das Prunk-Ensemble wieder abgerissen, obwohl es 1943 während des Zweiten Weltkrieges kaum beschädigt wurde. Die Stadtplaner der 1950er Jahre wollten die Kulturbauten näher am Dom konzentrieren. Und darüber hinaus war der neobarocke, pompöse Architekturstil in der Nachkriegszeit verpönt. Aber die Pracht des Hauses ging nicht für immer verloren, denn 400.000 ihrer Steine durften in einer Kirche wiederauferstehen.

Wer sich auf Steine-Spurensuche begeben will, muss die von Hans Schilling entworfene Kirche Neu St. Alban im hinteren Teil des Stadtgartens besuchen, die seit 1958 als Nachfolgebau für die stark zerstörte Kirche St. Alban am Quatermarkt dient.

Hans Schilling gehörte wie Böhm, Riphahn, Schaller und Schwarz zum »Kölner Ring« – ein Zusammenschluss von namhaften Architekten, die sich in der Nachkriegszeit um den Neuaufbau ihrer Heimat bemühten. Dabei wollte man keineswegs einfach nur wiederaufbauen, sondern Neues nach eigenen modernen Gedanken und Ideen errichten. So entwarf Hans Schilling die »neue« St. Alban auch im neuen Stil der Nachkriegsmoderne – aber mit gebrauchten Steinen. Mitten in Kölns ältestem Park, der 1828 als Erholungsgebiet für die eng besiedelte Innenstadt angelegt wurde, erhebt sich die Kirche wie ein Schiffsbug auf hoher See. Typisch für die Zeit sind auch die vielen verschieden großen Fensteröffnungen und die Position des Kirchturms: Er führt hier ein fast unscheinbares Nischendasein.

Die Taufkapelle findet sich unter dem Altarraum in der Krypta. Hierhin umgezogen ist auch das Taufbecken aus Alt St. Alban, eine großartige, fast 400 Jahre alte bronzene Skulptur. Auf dem Deckel des Beckens steht der Namenspatron: der heilige Alban, der sein abgeschlagenes Haupt in Händen hält.

Adresse Gilbachstraße 25, 50672 Köln, www.stgereon.de/kirchen/st-alban | **ÖPNV** Bahn 12, 15, Haltestelle Christophstraße/Mediapark | **Öffnungszeiten** Mo–Sa 15–18 Uhr | **Tipp** Im Stadtgarten lockt der »Stadtgarten«, das Veranstaltungszentrum mit Konzertsaal, Live-Club, Restaurant und Biergarten.

86__Christi Auferstehungskirche

Die Spiegelkirche

Die spektakuläre Eck-Kirche an der Jülicher Straße ist Sitz der sogenannten alt-katholischen Kirchengemeinde. Dennoch ist sie das genaue Gegenteil von alt: Sie steht für die Moderne des katholischen Glaubens. Sakramente für Wiederverheiratete, Segen für homosexuelle Paare, Frauen im Priesteramt: Was bei den Katholiken als existenzielles No-Go immer wieder zu Kirchenaustritten führt, ist bei den Altkatholiken Realität.

Gegründet hat sich die altkatholische Kirche aus Protest gegen Beschlüsse des Ersten Vatikanischen Konzils um 1870. Vor allem die päpstliche Unfehlbarkeit und die oberste Leitungsgewalt des Papstes wurden kritisiert. Anfänglich war es ein Reformversuch. Viele europäische Katholiken waren der Meinung, dass solche Beschlüsse nicht mit Wort und Schrift Christi zu vereinbaren waren. Sie wollten zurück zum alten katholischen Glauben. Daher auch der Name »altkatholisch«. Der Versuch ist schon damals gescheitert, und so hat sich die Bewegung von der katholischen Kirche abgespalten.

Auch in Köln gründete sich eine eigene Gemeinde. Um 1907 wurde die Auferstehungskirche in der Jülicher Straße geweiht, aber 1944 bis auf Turm und Pfarrhaus fast völlig zerstört. Nach langen Jahren in einer »Notkirche« kann das Gemeindeleben seit 1993 in der neuen Pfarrkirche Christi Auferstehung stattfinden.

Der Architekt, Professor František Sedláček, schuf einen postmodernen Neubau, der die Konturen der ursprünglichen Kirche nachzeichnet – unter Vorspiegelung falscher Tatsachen, denn hinter der Fassade verbirgt sich keineswegs die Kirche, sondern Büroräume. Der eigentliche Kirchenbau der Gemeinde befindet sich jetzt auf dem Gelände des ehemaligen Pfarrgartens, gekrönt von einer Glaspyramide, die den Blick freigibt – natürlich gen Himmel, aber auch auf den Kirchturm und seine sich selbst und das Dasein reflektierenden Anbauten.

Adresse Jülicher Straße 28, 50674 Köln, www.alt-katholisch.de/unsere-gemeinden/gemeinde-koeln-startseite | ÖPNV Bahn 1, 7, Bus 136, 146, Haltestelle Moltkestraße | Öffnungszeiten zu Gottesdiensten und Mi 18–19.30 Uhr | Tipp In Kölns erster Cocktail-Boutique, dem Belle Booze Store auf der Roonstraße, werden Bar-Enthusiasten fündig: Das Sortiment bietet exklusive Spirituosen aus der ganzen Welt und professionelles Barequipment aus New York.

87_Christoph Pauls Restaurant

Vom Abendmahl zur Abendmahlzeit

In der Kapelle Maria, Königin des Rosenkranzes werden nicht mehr viele Gebete zum Himmel geschickt, aber noch immer sitzt man hier andächtig zu Tisch. Es ist kein Geheimnis, dass den großen Christen-Konfessionen die Stammgäste abhandenkommen. Nicht immer mangelt es am Glauben, eher an der Glaubwürdigkeit der Kirche als Institution. In den vergangenen Jahren sind überall Bewegungen entstanden, die zeigen, dass die Menschen sich Veränderungen wünschen. Bis diese Wünsche in Erfüllung gehen, werden die leeren Gotteshäuser nicht voller. Wie schon vielerorts im Ausland wird man auch in den hiesigen Bistümern innovativ bei der Umnutzung.

Und so gibt es statt feierlichen Prozessionen immer häufiger Umzüge in umgewidmete Gotteshäuser. Aus geweihten Orten entstehen Stätten wie Theater, Kunststationen, Ateliers oder wie in Maastricht sogar eine Buchhandlung. In der ehemaligen Kirche St. Peter in Mönchengladbach lockt jetzt eine Kletterhalle, bei Bernkastel-Kues wartet eine Kirche als luxuriöses Ferien- und Seminarhaus auf Gäste. Man bleibt kreativ und optimistisch – der Abriss ist immer die letzte Möglichkeit.

Die Kapelle in der Brüsseler Straße 26 ist alles in allem ein würdiger Ort geblieben. Das Andachtshaus gehörte einst zum Kloster der Barmherzigen Brüder. Der Orden blieb bis 1974 und gab sein Haus dann in die nächstenliebenden Hände des Malteser Hilfsdienstes. Seit 1980 unter Denkmalschutz hat das Klostergemäuer 17 Jahre später noch mal eine andere Bestimmung gefunden und seine Pforten für Reisende aus aller Welt geöffnet. Die heiligen Hallen wurden für 20 Jahre erst zum Hotel Hopper et cetera, dann übernahm das Boutique Hotel 026.

Aus dem klösterlichen Bethaus wurde ein Gourmettempel: In Christoph Pauls Restaurant wird nicht mehr am Altar zelebriert, sondern zur Gaumenfreude der Gäste in der Küche.

Adresse Brüsseler Straße 26, 50764 Köln, www.christoph-paul.koeln | ÖPNV Bahn 1, 7, Bus 136, 146, Haltestelle Moltkestraße | Öffnungszeiten Di–Sa 17.30–24 Uhr | Tipp Bei Blütenträume in der Brüsseler Straße 4 werden Blumenträume wahr – ungewöhnliche Sträuße und Kränze, gebunden von einem kreativen und detailverliebten Floristen.

88 Dominikanerkirche Heilig Kreuz

Jesus am heiligen Dreieck

Der Name ist Programm, denn seit dem Mittelalter durften nur Kirchen den Namen »Heilig Kreuz« tragen, deren Altar mit einer Reliquie aus dem Jesuskreuz versehen war. Das Kreuz, an dem Jesus Christus den Opfertod starb, wurde angeblich im Jahr 325 gefunden, in mehrere Teile geteilt und von Kreuzrittern verbreitet, meist an Kirchen und Klöster. Es müssen viele Hunderte kleine Holzsplitter gewesen sein, denn über 2.000 Jahre nach Christi Tod gibt es weltweit 381 dem Heiligen Kreuz geweihte Gotteshäuser – davon allein um die 270 in Deutschland.

Die namensgebende Reliquie der Dominikanerkirche in der Lindenstraße kam vor 800 Jahren nach Köln und ist der einzige Gegenstand, der aus dem gleich alten, zerstörten Kloster erhalten geblieben ist. Die Dominikaner erhielten sie im 13. Jahrhundert als Geschenk von ihrem Bruder, dem berühmten Theologen Albertus Magnus. Bis zur Schließung durch die napoleonische Besatzung und den Abriss war das Kloster unter seiner Leitung eines der wichtigsten geistigen Zentren Europas. Erst 1898 kamen die Ordensbrüder nach Köln zurück und begannen mit dem Neubau von Kirche und Kloster. Zur Weihe im Jahr 1902 kehrt auch die Kreuzreliquie wieder zurück in »ihre« Kirche. Nochmals zerstört im Krieg und in den 50er Jahren wiedererbaut, befindet sich das heilige Fragment seit 20 Jahren wieder an der Frontseite des Altars.

Und dort kommt es ganz besonders zur Geltung, denn der Orden entschloss sich vor einigen Jahren zu einer künstlerischen Neugestaltung des Innenraumes durch den renommierten Künstler Gerd Winner. Von außen fast unscheinbar, ist die Heilig-Kreuz-Kirche von innen nun umso spektakulärer: Strahlendes Weiß, eine farbige Decke und ein einzigartiges Altarkreuz erzeugen einen ungewöhnlichen und modernen, einladenden Kirchenraum.

Adresse Lindenstraße 45, 50674 Köln, www.dominikanerkloster-koeln.de | ÖPNV Bus 136, 146, Haltestelle Roonstraße | Öffnungszeiten Di–Sa 17.30–24 Uhr | Tipp Gleich nebenan ist Jot Jelunge, die erste Adresse für individuelle Kostüme. Neben dem Karneval dreht sich hier alles um Kostümierung – von historischen Roben, Theater- oder Tanzkostümen bis zu Eigenkreationen und Anfertigungen.

89 Herz-Jesu-Kirche

Die geflügelten Monster

Eigenartige Dämonen, furchterregende Mischwesen aus Drache und Flugungeheuer, zähnefletschende Bestien – solche und andere phantastischen Schreckgestalten »zieren« oft ganz selbstverständlich historische Kirchengemäuer.

Diese grotesken Kreaturen sind lange durch die Zeit gereist und kommen aus dem Mittelalter. Schon in den Epochen der Romantik, Gotik und Renaissance wurden an den Gotteshäusern dämonische Gestalten platziert. Dort führten sie ein Doppelleben: Zum einen waren sie vor allem dazu da, Wasser zu »spucken«. Durch diese Wasserspeier schießt das gesammelte Regenwasser der Traufen in einem weiten Bogen vom Gebäude weg. So wird es daran gehindert, in die Mauern einzudringen und dort langsam, aber sicher Schaden anzurichten.

Durch ihre unheimliche Gestalt hatten solche Wasserspeier aber auch einen magischen Spezialauftrag. Die auch Gargoyles genannten Wesen betrieben durch ihr Aussehen Objektschutz besonderer Natur: Ihr dämonisches Erscheinungsbild sollte die Kirche vor unsichtbaren Geistern schützen und finstere Mächte bannen, denn damals war man der Meinung, dass bei Unwettern das Böse den Kirchenbau angreifen könne. Auch dem ausgespuckten Regen schrieb man besondere Kräfte zu, da er als »Himmelswasser« aus der nächsten Umgebung Gottes zu kommen schien – und nutzte dieses Wasser als Mittel gegen Krankheiten.

Heutzutage übernehmen Dachrinnen und Abflusssysteme die Aufgabe der Wasserspeier. Und Regenwasser gilt wohl in den meisten Krankheitsfällen auch nicht mehr als das Mittel der Wahl.

So ändern sich die Zeiten – auch im Inneren der erst um 1909 errichteten Herz-Jesu-Kirche. Ursprünglich erbaut im neugotischen Stil, wurde die stark kriegszerstörte Kirche in den 1950er Jahren wiedererbaut: außen nach wie vor im »New gothic Style« und im Innenraum mit nüchternem Fifties-Ambiente.

Adresse Zülpicher Platz, 50764 Köln, www.herz-jesu-koeln.de | ÖPNV Bahn 9, 12, 15, Haltestelle Zülpicher Platz | Öffnungszeiten zu Gottesdiensten | Tipp Die gleichfalls zur Pfarre gehörende Mauritiuskirche hat eine über 900-jährige Geschichte. Romanischen Ursprungs wurde sie 1864 durch einen neugotischen Bau ersetzt und 1956 nach Kriegszerstörungen um einem modernen Neubau ergänzt.

90__St. Maternus

Zum großen, liegenden Christus

Auch eine Kirche darf mal aus dem Rahmen fallen: Gebaut während des Ersten Weltkrieges, blieb St. Maternus erst mal unvollendet – aber in ihrem Stilmix genau so, wie von Architekt Stephan Mattar geplant. St. Maternus sollte romanische und byzantinische Formen mit Jugendstileinflüssen verbinden. Auch die Fassade wurde abwechslungsreich: Tuff, Basalt, Sand- und Ziegelsteine und grob behauene Steine wechseln sich in Reihen übereinander ab.

Vor der Kirche bildet ein Arkadengang die Vorhalle zum eigentlichen Eingang. Auch der ursprüngliche Innenraum war eine bunte Melange aus byzantinischer Architektur, Jugendstilkapitellen, einer Kassettendecke aus Stahlbeton, kombiniert mit grün-gelben Wänden, und einem halbrunden Chor, expressionistisch ausgemalt. Wie fast überall in der Kölner Innenstadt ging auch in dieser Kirche vieles durch Zerstörungen im Zweiten Weltkrieg verloren. Nur die Kirchenbänke gehören noch zur Originalausstattung, sie wurden in der Werkstatt von Viktor Böll, dem Vater Heinrich Bölls, hergestellt. Der Schriftsteller und Literaturnobelpreisträger wurde in St. Maternus getauft.

Allerdings macht auch das heutige Inventar der ausgefallenen Kirche alle Ehre: Denn in St. Maternus ist Jesus vom Kreuz hinabgestiegen und liegt der Menschheit zu Füßen. Im Altarraum ruht übermenschlich groß Christus nicht *am* Kreuz, sondern Christus *ist* das Kreuz. Die Balken des monumentalen Werkes sind fünfeinhalb Meter lang und fast einen Meter breit. Diese einzigartige Skulptur wurde vom heute über 90-jährigen Bildhauer Professor Franz Gutmann geschaffen – geschlagen aus zwei Eichen.

Der Bildhauer ist mit seiner Kunst in vielen Kirchen präsent. Kein Wunder bei dem Lebenslauf: Nach seinem Theologiestudium wurde er Kunstakademie-Student der Bildhauerei, Meisterschüler bei Ewald Mataré und verbrachte fünf Monate in Zentralafrika beim berühmten Doktor Albert Schweitzer.

Adresse Siegfriedstraße 6–8, 50678 Köln, gemeinden.erzbistum-koeln.de/st-severin-koeln/Kirchen/St_Maternus | ÖPNV Bahn 17, Bus 106, 132, 133, 142, Haltestelle Bonner Wall | Öffnungszeiten Mi 9–11 Uhr und zu Gottesdiensten | Tipp Gleich um die Ecke der Maternuskirche findet sich ein einzigartiger Meisterbetrieb: die Kölner Akkordeon Werkstatt. Seit 1989 werden hier »Quetschkommoden« wieder auf Vordermann gebracht und gestimmt sowie neue und gebrauchte feilgeboten.

91__Synagoge

Die Wiederauferstandene

Die Luftangriffe im Zweiten Weltkrieg konnten der Synagoge nicht mehr viel anhaben – sie lag schon lange in Trümmern. Im November 1938 wurde der prachtvolle Bau von Emil Schreiterer und Bernhard Below in nur einer Nacht in Schutt und Asche gelegt. Von Nationalsozialisten in Brand gesetzt, verwüstet und geplündert. Durch die sogenannten Novemberpogrome wurden landesweit über 1.400 Synagogen, Betstuben, Versammlungsräume und Tausende Geschäfte, Wohnungen und jüdische Friedhöfe zerstört. Diese vom nationalsozialistischen Regime organisierten Ausschreitungen gegen die jüdischen Mitbürger setzten einen »offiziellen« Startpunkt für das Grauen, das noch folgen sollte.

Nach dem Krieg trafen sich die wenigen überlebenden Kölner Juden wieder in den Ruinen ihres Gotteshauses. Die neu gegründete Gemeinde ließ sich dann übergangsweise in den Räumen des ehemaligen jüdischen Krankenhauses nieder, bis man sich Ende der 1950er Jahre zum Wiederaufbau der Synagoge entschloss. Unterstützt von Bundeskanzler Konrad Adenauer – dem von den Nazis abgesetzten ehemaligen Kölner Oberbürgermeister – konnte die große Synagoge in der Roonstraße 1959 endlich wieder »auferstehen«.

Der Architekt Helmut Goldschmidt hat den Außenbau nahezu originalgetreu wiederhergestellt, aber den Innenraum komplett neu gestaltet: Statt Wandmalereien entschied sich Goldschmidt mit weißen Wänden für einen klaren und schlichten Raumeindruck. Außerdem wurde eine Zwischendecke eingezogen, sodass unter dem Betraum nun auch ein großer Gemeinderaum entstand.

Heute ist die Synagogen-Gemeinde Köln wieder eine der größten in Deutschland und beherbergt in ihrem wiedererbauten neoromanischen Gemäuer nicht nur den unglaublich beeindruckenden Gebetsraum mit 1.200 Sitzplätzen, sondern auch eine Bibliothek, ein Museum, ein Jugendzentrum und einen Festsaal – und für den leiblichen Genuss das koschere Restaurant Mazal Tov.

Adresse Roonstraße 50, 50674 Köln, www.sgk.de | **ÖPNV** Bus 136, 146, Haltestelle Roonstraße | **Öffnungszeiten** Termine für Führungen siehe Webseite | **Tipp** Dmitri Zaretski bietet in seinem Restaurant Mazal Tov Gemeindemitgliedern und Gästen feine koschere Küche – mit osteuropäischen, orientalischen und israelischen Spezialitäten. Reservierungen sind erforderlich.

92 Luther-Kulturkirche

Das formvollendete Gotteshaus

Entworfen und gebaut nach strengen Vorgaben, war die Backsteinkirche in Nippes ein Paradebeispiel für den protestantischen Kirchenbau Ende des 19. Jahrhunderts. Der Architekt August Albes hatte die Lutherkirche exakt nach dem Vorschriftenkatalog des »Eisenacher Regulativs« erbaut. Dieser Katalog bestimmte in über 16 Regeln die Grundstruktur und Bauform einer Kirche, »vorzugsweise im gotischen Styl«. Diese Regeln hatten fast 30 Jahre lang Gültigkeit, erst ab 1906 kam es zu einer freieren Architektur im protestantischen Kirchenbau.

So mustergültig und beeindruckend im historischen Erscheinungsbild, so frei ist die Lutherkirche in ihrem heutigen Wirken und Auftreten. Denn so ganz nebenbei hat sie sich durch ein zweites Standbein einen Namen gemacht und geht seitdem als »Kulturkirche« in die Nippeser Gegenwartsgeschichte ein. Seit 2002 finden hier Konzerte, Lesungen, Kabarettabende und andere Kulturveranstaltungen statt – mit kölschen Lokalgrößen ebenso wie mit internationalen Stars und deutschen Künstlern. Außerdem ist die Kulturkirche fester Veranstaltungsort des Literaturfestivals lit.Cologne, Austragungsort von TV-Produktionen und mietbar für Film- und Fernsehaufnahmen, Events, Galas.

Neben den beiden Namen der Kirche steht aber noch ein anderer Name für die Geschichte der Gemeinde: Julio Goslar, der christlich getaufte Jude und Kirchenmusiker, der 1921 zum Organisten und Leiter des Kirchenchores berufen wurde. Schon nach wenigen Jahren hatte er den Chor der Luthergemeinde zum größten Chor im Rheinland aufgebaut und mit ihm bedeutende Konzertaufführungen veranstaltet. Unter der Nazi-Regierung verleumdet, verfolgt, versteckt, konnte er überleben und nach Drohungen der alliierten Nachkriegsregierung 1945 seinen alten Wirkungskreis bis zur Pensionierung wieder aufnehmen. Eine Tafel hält sein Andenken in Ehren. Außerdem ist eine Nippeser Straße nach ihm benannt.

Adresse Siebachstraße 85, 50733 Köln, www.kulturkirche-koeln.de | ÖPNV Bus 147, Haltestelle Wilhelmstraße | Öffnungszeiten zu Veranstaltungen | Tipp Nach dem Kulturgenuss kann es im Klangraum-Kunigunde gleich weitergehen: Seit 2011 wird die Kirche St. Heinrich und Kunigund wegen ihrer einzigartigen Akustik für Konzerte genutzt, von Klassik bis hin zu zeitgenössischer, geistlicher und experimenteller Musik.

93 Herz-Jesu-Kloster

Die Einsiedelei

Manchmal ist der Alltag kein Alltag mehr, weil uns das irdische Dasein ganz ungefragt hundert Steine in den Weg legt und von jetzt auf gleich die Bahnen fehlen, auf denen das Leben wie ein langer, ruhiger Fluss dahingleiten kann.

Antworten auf das Wieso, Weshalb, Warum kann man suchen und finden in einem »Kloster auf Zeit« – so auch bei den Benediktiner-Nonnen in Raderberg. Warum auch immer es einen hinter die Klostermauern zieht, die Pforte ist offen für jedermann und -frau, ganz ohne Ordensgelübde. In der Einsiedelei, also dem Gästebereich, stehen sieben einfache Zimmer für alle zur Verfügung, die für eine kürzere oder längere Zeit einen Rückzugsort suchen.

Um die 30 Nonnen zwischen 20 und 97 Jahren haben sich für eine lebenslange Auszeit aus der weltlichen Gemeinschaft entschieden. Sie leben hier und dienen Gott und dem Nächsten. Gegründet wurde die Kölner Ordensgemeinschaft schon 1890 als ein Ort Gottes mitten unter den Menschen. Zur benediktinischen Lebensweise gehört neben klösterlichen Lebenswandel ein Alltag geprägt von Nächstenliebe.

Als vor 130 Jahren die ersten Schwestern aus Holland kamen, mieteten sie sich in der Domstraße ein Privathaus als provisorisches Kloster, erst 1895 konnten sie in das neu errichtete Kloster in Raderberg umziehen. Seitdem hat sich nicht vieles geändert. Der Tagesablauf der Gemeinschaft ist geregelt, neben Gebets- und Gottesdienstzeiten prägt die Arbeit den Lebensrythmus der Nonnen, durch die anfallenden Aufgaben im Haushalt, an der Pforte, im Gästebereich, in der Verwaltung, im weitläufigen Klostergarten oder bei der Betreuung der älteren Schwestern. Als Benediktinerinnen leben sie »von ihrer Hände Arbeit«.

Das Gesamtpaket scheint zu stimmen, denn alle Nonnen haben eine fünfeinhalbjährige »Probezeit« hinter sich, bevor sie sich an den Orden binden, in Zufriedenheit und Erfüllung mit ihrem Tun.

Adresse Brühler Straße 74, 50968 Köln, www.benediktinerinnen-koeln.de | ÖPNV Bus 133, Haltestelle Rheinsteinstraße | Öffnungszeiten Einsiedelei offen nach Absprache unter Tel. 0221/9370670; Kloster offen zu Gottesdiensten siehe Webseite | Tipp Alles für die kreative Arbeit findet sich in der Bildhauerei, dem Fachgeschäft für Bildhauereibedarf. Mit Werkzeugen für die Stein- und Holzbearbeitung, Material zum Modellieren, Abformen und Gießen.

94 Hari Om Mandir

Die Friedensoase im Gewerbegebiet

Im hintersten Eck im Gewerbegebiet an der Wikingerstraße versteckt sich ein Tempel der afghanischen Hindu-Gemeinde hinter einer unscheinbar verklinkerten Hausfassade. In der Umgebung der Industriebauten fällt die religiöse Stätte kaum auf, sie wirkt wie getarnt.

Das mag daran liegen, dass die Hindus ihren Glauben in ihrer Heimat Afghanistan nicht offen praktizieren können. Die letzten tausend führen ein Leben im Verborgenen. Seit der Machtübernahme der Taliban in den 1990er Jahren hatte sich die religiöse Diskriminierung in dem muslimischen Land noch mal dramatisch verschärft, die Hindus und Sikhs sahen sich wie alle Andersgläubigen gezwungen, ihr Heimatland zu verlassen. Viele flohen nach Indien, aber auch nach Europa und in die USA.

Im Kölner Exil fand sich vor 30 Jahren eine Gemeinschaft zusammen, die in Mülheim einen kleinen Tempel einrichtete – als Ort religiöser Feiern, aber auch um sich gegenseitig in der noch fremden Zweitheimat Geborgenheit zu geben. Die kleine Gemeinde wuchs und wuchs durch weitere geflüchtete Familien, und so entstand im Jahr 2004 in Rath-Heumar ein neues und größeres Zentrum für die Hindus und Sikhs in Köln und Umgebung.

Von außen schmucklos und angepasst an das triste Industrie-Umfeld, ist der Hari Om Mandir von innen eingerichtet wie ein typischer moderner indischer Tempel. Teppiche bedecken den Boden, an der Stirnwand sind auf der gesamten Länge an die 30 farbenprächtige Gottheiten aufgereiht. Im Hinduismus werden zwar zahlreiche Götter verehrt, aber hinter allem steckt die eine, die wesentliche Gottheit – Brahma, der Schöpfer der Welt. Den Gebetsraum betritt man nur »unbeschuht«, hier finden die religiösen Rituale, Zeremonien und Feste statt. Im Souterrain des Hauses dient ein großer Saal für die gemeinsamen Mahlzeiten nach den Gottesdiensten und andere Veranstaltungen.

Adresse Wikingerstraße 62, 51107 Köln, www.ahg-koeln.de | ÖPNV Bahn 9, Haltestelle Porzer Straße | Öffnungszeiten Rundgang und Führungen nach Absprache unter Tel. 0221/8300009 | Tipp Ums Eck liegt die eindrucksvoll sanierte historische Mayersche Lochfabrik, früher Stätte der Metallverarbeitung, heute Fröbel Kindergarten und Bürohaus.

95 St. Amandus

Die Kirche zum »doden Mann«

Im romantischen Dorfidyll von Rheinkassel erhebt sich eine Augenweide in Rosa-Weiß. Aber Vorsicht, die Gegend um das liebliche Kirchlein an den Gestaden des Rheins ist ein Ort zum Fürchten.

Vor allem bei den Schiffern sorgten die Auen um Rheinkassel für Angst und Schrecken: Viele Biegungen macht der mächtige Fluss hier auf seinem langen Weg in die Nordsee, und Sandbänke wurden oft zur tödlichen Falle. »Mann über Bord« schallte es vor Hunderten Jahren oft über die Fluten des Rheins. Ein Unglücklicher soll der Legende nach nicht nur für seine Grabstelle, sondern auch für die Rheinkasseler Kirche gesorgt haben: Sie soll vom Geld und Gold des Toten erbaut worden sein, der hier an die Ufer gespült wurde. Ein Testament in seinen Taschen besagte, sein Grab und ein Gotteshaus an dieser Stelle errichten zu lassen. Warum er sich ertrinkend noch mit Geld beschwerte und wie das Testament trocken an Land kam, ist eine andere Geschichte. Aber manche sind einfach zu schön, um wahr zu sein.

Gebaut wurde die Kirche vor langer Zeit, erste Erwähnungen stammen aus dem 12. Jahrhundert. Von den Bauformen ist sie angelegt als eine vereinfachte, kleinere Kopie der Kirche St. Gereon. Dem Gereonstift unterstand die Rheinkasseler Kirche bis 1803. Schon um 1220 ließ das Stift St. Amandus umfangreich erweitern, modernisieren und prächtig ausstatten. Vor 400 Jahren kam noch mal ein kleines Detail hinzu: Eingemauert in die linke Außenwand verschönert ein kleiner Totenschädel seither St. Amandus, »die Kirche zum doden Mann«.

Als das sagenumwobene Gotteshaus in den 1970er Jahren originalgetreu restauriert wurde, stieß man bei Grabungsarbeiten auf die Fundamente der Ursprungskirche, und in einer Gruft mit römischen Sarkophagen auf Menschenknochen und einen Schädel.

So sind manche Geschichten nicht nur zu schön, sondern vielleicht manchmal doch nicht allzu weit von der Wahrheit entfernt.

Adresse Amandusstraße 2, 50769 Köln, www.pankratius.info/Kirchen/st.-amandus | ÖPNV Bus 121, Haltestelle Rheinkassel | Öffnungszeiten zu Gottesdiensten | Tipp Von hier aus empfiehlt sich ein Gang durch die idyllischen Auen hinunter zu den »reißenden Gewässern« des Rheins.

96__St. Engelbert

Skandal im Riehler Bezirk

Von der »entarteten« bis zur international gefeierten Baukunst dauerte es ein paar Jährchen. Als Dominikus Böhm die Riehler Kirche fertigstellte, hagelte es nicht nur Spott von Seiten der nationalsozialistischen Presse, die St. Engelbert als »bolschewistische Afterkunst« deklarierte, es gab auch eine Abmahnung vom Papst Pius XI. Sogar im Bistum Köln hielt sich die Begeisterung deutlich in Grenzen. So wurde gefragt, ob es möglich wäre, »dem Bauwerk das Befremdliche zu nehmen«.

Der Entwurf war seiner Zeit einfach Jahrzehnte voraus, gerade erst wurde die Maxime aufgehoben, die für katholische Kirchenneubauten ausdrücklich den romanischen oder gotischen Stil vorschrieb. Dass Kirchen einen Kreis aus acht Bögen bilden, war zu viel des Guten.

Das »Gotteshaus des Anstoßes« wurde 1932 eingeweiht. Der weitere Ausbau verzögerte sich aus Geldmangel. Der Holzfußboden wurde 1935 gelegt, 1939 die Heizung installiert. Die allgemeine Not verhinderte zunächst auch ein zusätzliches Pionier-Konzept: Der Architekt hatte die Kirche auf einen Sockel gestellt und plante im »Untergeschoss« Räume für das Gemeindeleben unterzubringen: Pfarrsaal, Jugendräume und eine Pfarrbücherei. Während der Kriegsjahre wurde das Untergeschoss stattdessen zum massiven Luftschutzkeller umgebaut.

Lange war die Kirche nur mit Dachpappe gedeckt, das von Böhm geplante Metalldach konnte erst 1979 realisiert werden. Erst seitdem besteht der beabsichtigte Gegensatz zwischen der silbrigen Kuppel und den roten Ziegeln der Außenwände.

Der »Riehler-Kirchen-Skandal« steht seit 1983 unter Denkmalschutz und gehört mit seiner bahnbrechenden Form zu den Ursprüngen moderner Kirchenarchitektur. 1962 fand die auch »Zitronenpresse« titulierte Kirche sogar einen »Zwillingsbau« in den USA – sie diente als Vorlage für die Abteikirche von Saint Mary und Saint Louis in Missouri.

Adresse Garthestraße 15, 50735 Köln, www.sankt-engelbert-und-sankt-bonifatius.de | ÖPNV Bus 140, Haltestelle Riehler Gürtel | Öffnungszeiten Mo, Mi, Fr 10–12 Uhr | Tipp Im Frühling startet nicht nur die Blütezeit in der Flora, sondern auch die Saison für das Gartenlokal Dank Augusta: Hier kann man entspannen und genießen mit Köstlichkeiten von der Picknick-Bar.

97__Stephanuskirche

Der Hingucker

Im Laufe von fast sieben Jahrzehnten mussten sich die Riehler Protestanten mehrfach ein neues Dach suchen, um sich für Gottesdienste zusammenzufinden. Erst 1965 kamen sie endlich unter die Haube eines außergewöhnlichen Baus.

Vor 1911 traf man sich in Privatwohnungen, einem Lokal und einem Schulsaal. Dann wurde die Kreuzkapelle in der Stammheimer Straße gebaut und noch mal erweitert, bis auch diese nach dem Krieg deutlich zu klein wurde. So kaufte die wachsende evangelische Gemeinde 1959 in der Brehmstraße ein Grundstück für eine Kirche plus Gemeindezentrum. Allerdings dauerte es noch mal ein paar Jahre, bevor man mit dem Kirchenbau beginnen konnte.

Zweimal wurde ein Wettbewerb ausgeschrieben, zweimal wurde kein Sieger gefunden. Aber wie so oft – was lange währt, wird endlich gut: Beauftragt von der zermürbten Pfarrgemeinde entwarf schließlich ein Architekten-Team eine Kirche, die seit ihrer Einweihung im Jahr 1965 für allgemeine Begeisterung sorgt. Zuständig für das Gesamtkunstwerk waren Fritz Gottlieb Winter als Architekt, seine Frau Ingeborg Winter-Brachner für die sakrale Ausstattung und der Künstler Lothar Quinte, der mit seinem Fenster wesentlich zur besonderen Aura der Stephanuskirche beitrug.

Der Bau ist ein Dach, das steil in den Himmel ragt – ein Haus Gottes, welches ganz ohne Turm nur mit seiner äußeren Form auf sich aufmerksam macht. Zusammengehalten wird das Ganze von einer monumentalen zweigeteilten Fensterfront: Tausende bunte Glaselemente breiten sich in einem Farbprisma von innen nach außen und zur Spitze nach oben. Davor platziert ist die Altarinsel, eingehüllt in die spirituelle Licht-Dramaturgie.

Um die Stephanuskirche für die Nachwelt zu erhalten, bemüht sich das Kölner Architektenbüro Zeller Kölmel seit 2019 mit einer umfassenden Sanierung um ein zeitgemäßes Update und den Neubau eines Gemeindezentrums.

Adresse Brehmstraße 6, 50735 Köln, www.ev-kirche-riehl.de | ÖPNV Bus 140, Haltestelle Sprengelstraße | Öffnungszeiten nach Sanierung siehe Webseite | Tipp Himmlischen Seelentrost gibt es in Köln gleich dreimal bei Törtchen Törtchen. In der Barbarastraße bietet Törtchen Törtchen ein »BackDichglücklich«-Programm mit Kursen rund um Macarons, Eis, Törtchen und Pralinen.

98 Synagoge Gescher LaMassoret

Gotteshaus bleibt Gotteshaus

Gourmet-Küche statt Brot und Wein, Events statt Gottesdienste – die Umnutzung von Kirchen ist nichts Besonderes mehr. Schrumpfende Gemeinden brauchen immer weniger Gotteshäuser. Dass eine Kirche entwidmet wird, um zukünftig als jüdisches Gotteshaus zu dienen, kommt allerdings nicht allzu häufig vor.

Von außen ist der Bau nicht ungewöhnlich. Ganz im Gegenteil, er fügt sich unauffällig in Reih und Glied der Häuserzeile. Bevor die Kirche gebaut wurde, fanden die evangelischen Gottesdienste in Privatwohnungen statt, erst 1911 zog die Riehler Gemeinde in die Stammheimer Straße 22. Hinter einer fünfgeschossigen Fassade waren Gemeindeamt, Gruppenräume, Wohnungen und Kirche untergebracht. Die anfangs einfach nur »Betsaal« getaufte Kirche war das erste evangelische Gotteshaus in Riehl. Erst mit einem weiteren Umbau erhielt der dezente Sakralbau seinen Namen: Kreuzkapelle.

Wie in vielen christlichen Pfarren ist man auch in der Riehler Gemeinde wenig stolz auf die Zeit des Nationalsozialismus: In dem Gemeindehaus wurde eine sogenannte »Hilfsstelle für Nichtarier« eingerichtet, die sich um zum Protestantismus übergetretene Juden kümmerte, Arbeitsgelegenheiten, Ausreisemöglichkeiten verschaffte und so einem kleinen Teil das Leben retten konnte. Als 1942 die Massendeportationen begannen, beschränkte sich das Hilfsangebot darauf, den »nichtarischen Christen« auf dem Weg ins Konzentrationslager einen »Abschlussgottesdienst« anzubieten.

Seit 2001 dient das Gebäude als Brücke von der Vergangenheit in eine neue Zeit. Die 1996 gegründete Jüdische Liberale Gemeinde Gescher LaMassoret fand in dem evangelischen Gemeindehaus ein Zuhause und nutzt seither die Räume für ihre Gottesdienste. Zuerst als Gast und 2016 wurde die Kreuzkapelle vollständig zur Synagoge umgewidmet. Derzeit wird die Synagoge umfangreich saniert.

Adresse Stammheimer Straße 22, 50735 Köln, www.gescherlamassoret.de | ÖPNV Bahn 16, 18, Bus 140, Haltestelle Zoo | Öffnungszeiten nach Sanierung siehe Webseite | Tipp Der Riehler Skulpturenpark Köln ist ein Museum für zeitgenössische Skulptur unter freiem Himmel. In den letzten 20 Jahren sind hier Außenskulpturen von über 150 international renommierten Künstlern gezeigt worden.

99__Erzengel-Michael-Kirche

Die bergende Scheune

Der Ursprung von Michaelshoven liegt nicht in Michaelshoven. Michaelshoven als Ort gibt es nämlich gar nicht. Und das ist keine Kölner Variante der »Bielefeld-gibt-es-nicht«-Satire, sondern eine Tatsache. Seinen Ursprung hat das später so getaufte Michaelshoven in Rösrath-Stephansheide. Während des Zweiten Weltkrieges war dort ein Lager für Kriegsgefangene untergebracht. Nach 1945 kümmerte man sich um die Betreuung von Kriegswaisen. Der von der evangelischen Diakonie dort eingesetzte Pfarrer Erwin te Reh übernahm das Kinder- und Jugenddorf und gründete 1950 den Verein »Coenaculum, Christus lädt ein«.

Das Beheimaten von Kriegswaisen, Flüchtlingen und Notleidenden war von Beginn an die zentrale Aufgabe. Doch die Fläche in Stephansheide stieß schon nach kürzester Zeit an ihre Grenzen, und der Verein entschied sich, auf der anderen Rheinseite ein Ackerareal in Rodenkirchen zu erwerben. Im Süden von Köln entstand hier Mitte der 1950er Jahre ein großzügiger Campus, wo Jugendliche und Heimatlose ein Zuhause und eine Zukunft fanden.

Das neue Zuhause bekam auch eine Kirche und einen Namen: Patron der Pfarrgemeinde wurde Erzengel Michael. Nach christlicher Engellehre gilt er auch als Beschützer der Witwen und Waisen. Der erste Teil des Namens war damit klar. »Michaelsacker, Michaelsdorf, Michaelsland« wurde verworfen, und man einigte sich auf die Schöpfung »Michaelshoven«.

Die heutige denkmalgeschützte Erzengel-Michael-Kirche wurde 1964 eingeweiht. Der Bau hat die Form eines Zeltes und im Inneren eine Raumwirkung wie eine Scheune. Schlicht und bescheiden vermittelt er vor allem Geborgenheit.

Aus den Gründungstagen ist im Laufe von 70 Jahren ein Unternehmen mit über 3.000 Mitarbeitern an über 200 Standorten in und um Köln entstanden. Die Adresse der Kirche gedenkt dem Mann, dank dessen es Michaelshoven doch gibt: Pfarrer Erwin te Reh.

Adresse Pfarrer-te-Reh-Straße 7, 50999 Köln, www.diakonie-michaelshoven.de | **ÖPNV** Bahn 16, 17, Bus 116, Haltestelle Michaelshoven | **Öffnungszeiten** zu Gottesdiensten und Veranstaltungen und nach Absprache | **Tipp** Rund um die Kirche wurde 1965 vom Gärtnermeister Kurt Struß ein beeindruckender Park angelegt. Die seit 1995 denkmalgeschützte »grüne Oase« ist mit hundert verschiedenen, teils seltenen und kostbaren Gehölzen aus aller Welt bepflanzt.

100_St. Joseph

Die »Unvollendete«

In einem Alter, in dem man im Allgemeinen schon länger im Ruhestand weilt, sorgte der Großmeister der Sakralarchitektur noch mal eben für 17 katholische Kirchen. So entwarf Dominikus Böhm von seinem 70. bis zum 75. Lebensjahr bundesweit sechs Kirchen in Alleinregie, in Kooperation mit seinem Sohn Gottfried zusätzliche sieben Gotteshäuser, und nebenher vollendete er Anfang der 1950er Jahre auch noch weitere vier Kirchen.

Die St.-Joseph-Kirche in Rodenkirchen gilt als der letzte Sakralbau, an dem er federführend beteiligt war. Der Bauauftrag für die Kirche wurde 1955 an ihn vergeben. Nach der Grundsteinlegung starb Dominikus Böhm jedoch im August des gleichen Jahres, und sein Sohn Gottfried vollendete das Gotteshaus »im Sinne des Vaters«.

Der eher kleinere Backsteinbau ist symmetrisch aufgebaut: mit zwei wuchtigen Vierkanttürmen an »Bug und Heck«, dazwischen das Kirchenschiff mit flachem Tonnengewölbe. Durch den vorderen Turm betritt man die Kirche, und dort auf der Empore ist die Orgel untergebracht. Darüber unsichtbar, aber umso hörbarer verbirgt sich das vierstimmige Geläut.

Der Turm über dem Altar wurde von Dominikus Böhm als sogenannter heiliger »Raum im Raum« konzipiert. Denn hier ist er als Schacht weit in die Höhe geöffnet, als überirdische Lichtquelle für den Altarraum. Das Meisterstück der spirituellen Lichtinszenierung wurde an drei Wänden mit 192 kleinen Fensteröffnungen durchbrochen. Diese quadratischen Buchten zeigen 192 Köpfe von Heiligen, gefasst in rotes Glas. Um diese von Nahem bewundern zu können, bräuchte man das eine oder andere Hilfsmittel. So aber genießt man einfach die Mystik des Himmelstunnels, der alles in ein rosarotes Licht taucht. Auch in St. Joseph scheint der Versuch des Schöpfers geglückt zu sein, in jedem seiner Kirchenbauten die Anwesenheit Gottes erfahrbar zu machen.

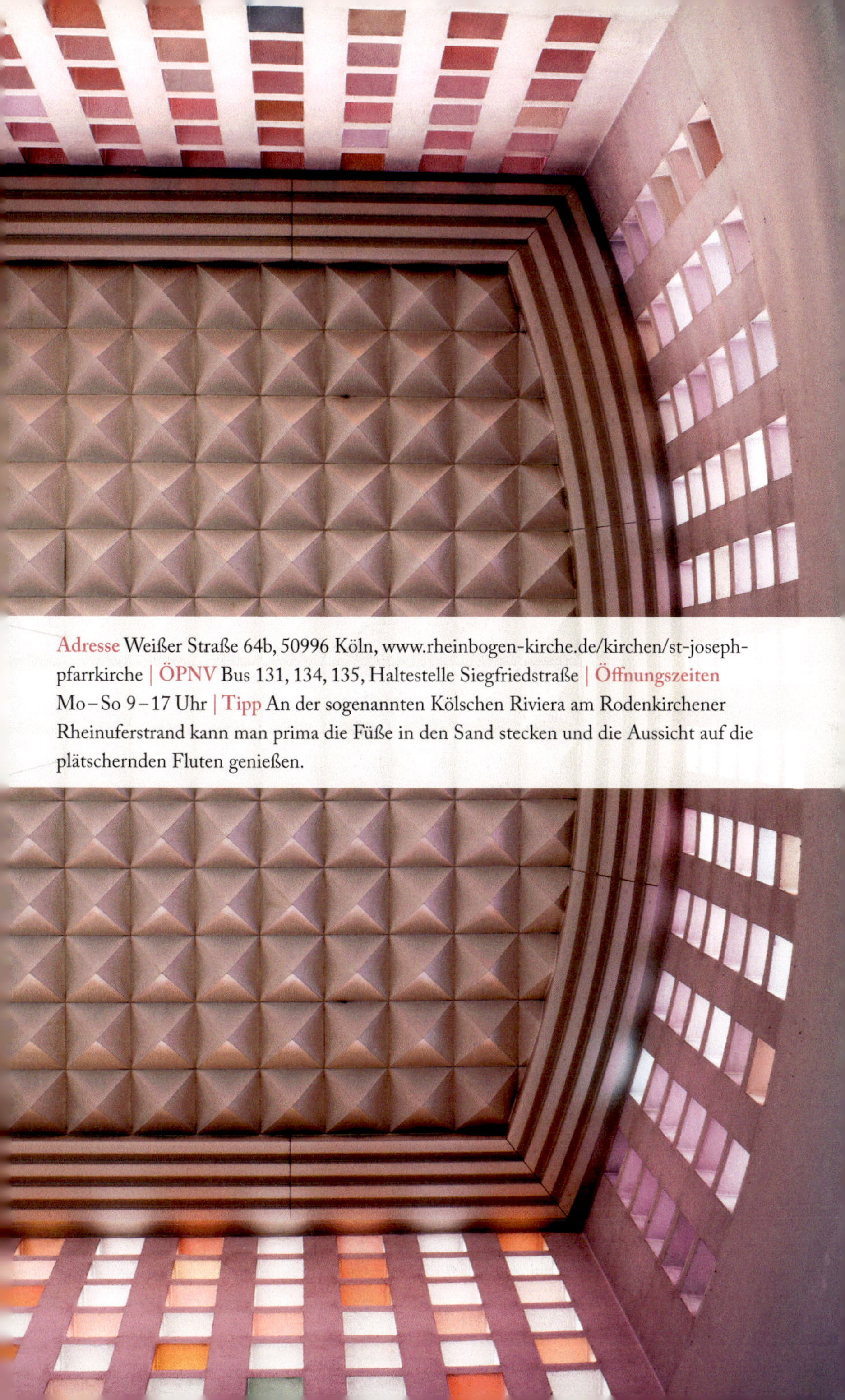

Adresse Weißer Straße 64b, 50996 Köln, www.rheinbogen-kirche.de/kirchen/st-joseph-pfarrkirche | ÖPNV Bus 131, 134, 135, Haltestelle Siegfriedstraße | Öffnungszeiten Mo–So 9–17 Uhr | Tipp An der sogenannten Kölschen Riviera am Rodenkirchener Rheinuferstrand kann man prima die Füße in den Sand stecken und die Aussicht auf die plätschernden Fluten genießen.

101 St. Dimitrios

Die Dauerbaustelle

Die Kirche liegt zwar in einer Sackgasse, aber sie stand von Beginn an für einen Aufbruch in neue Zeiten. Denn sie sollte das neue Gotteshaus für die katholischen Bürger der »Neuen Stadt« werden. 1967 beauftragte die Pfarrgemeinde den Architekten Fritz Schaller mit den Planungen für einen Kirchenbau.

Der Entwurf wurde genehmigt, allerdings übernahm die Ausführung dann ein Kollege: der Architekt Josef Lorenz. Nicht nur bei den Köchen sorgen zu viele Beteiligte für ein bedingt optimales Ergebnis, auch unter Architekten sollte man im Idealfall auf einer Wellenlänge sein.

Denn mit dem Spatenstich im April 1971 begann ein recht holpriger Weg: Während des Baus gab es bereits einige Verzögerungen und Umplanungen. Ab 1973 wurde die Kirche vorerst »in Gebrauch genommen«. Wenige Jahre später sorgten dann Wasserschäden für die nächste Hürde, woraufhin der Architekt Lorenz ohne Zustimmung Fritz Schallers 1977 den ursprünglichen Flachdachbau mit Pyramidendächern ausstattete.

Nochmals sieben Jahre später wurde die Kirche 1984 endlich offiziell dem heiligen Markus geweiht, der auch als Beschützer des Bauhandwerks gilt. Aber vielleicht war der Namenspatron anderweitig beschäftigt, denn schlussendlich sorgte ein Brand im Jahr 2000 noch mal für eine weitere Auszeit.

Schon 1996 verpachtete die Pfarrei die Kirche an die griechisch-orthodoxe Gemeinde, die das Gebäude 2001 schließlich erwarb. Seitdem ist sie dem heiligen Dimitrios geweiht und das Innere prächtig im griechisch-orthodoxem Stil ausgestattet: Bunte Fresken schmücken den Raum mit Ereignissen aus dem Alten und Neuen Testament, eine aufwendige, in Damaskus handgearbeitete Ikonenwand mit Heiligenbildern trennt den Kirchenraum vom Allerheiligsten. Ende gut, alles gut: So wurde die Schaller-Kirche gleich zweimal zur neuen Kirche in der Neuen Stadt.

Adresse Geranienweg 27–29, 50769 Köln, www.dimitriosgemeinde.com | ÖPNV Bus 122, Haltestelle Seeberg | Öffnungszeiten zu Gottesdiensten | Tipp Vor den Türen Seebergs bietet ein Strandbad Urlaubsflair in Köln: Der Blackfoot Beach mit Strandbar, Strandbetten, Hochseilgarten, Stand-up-Paddling und Kanuverleih.

102 Immanuelkirche

Die Kirche aus dem Wald

Manchmal werden Kirchen nicht nur leerer und leerer, sondern ganz im Gegenteil sogar zu voll. So auch in Flittard und Stammheim, als die evangelischen Gemeinden im Jahr 2004 zur Doppelgemeinde »Brückenschlag« fusionierten: In Stammheim fehlte seit jeher eine evangelische Kirche, und in Flittard wurde die alte Lukaskirche für die doppelte Gemeinde zu klein. Seitdem diente nun ein Gemeindesaal als Kirchenraum. Eine neue Kirche war der große Wunsch, der erst zehn Jahre nach der Zusammenlegung in Erfüllung ging. Wunscherfüller wurde nach einem Wettbewerb das Berliner Büro Sauerbruch Hutton mit einer Architektur der leisen Töne. Maßgeschneidert auf die Bedürfnisse der Doppelgemeinde und das schmale Budget ist ein faszinierendes Gotteshaus entstanden.

»Baum zu Baum« – nach dieser Devise wuchs der Bau hinein in einen baumbestandenen Platz. Das Areal an der Bonhoefferstraße eignete sich perfekt für die neue Immanuelkirche. Ein freistehender Glockenturm lädt wie ein Portier über die Freitreppe hinauf zum grünen Vorplatz. Turm, Kirchenbau und nebenstehende Kapelle tragen alle das gleiche hölzerne Kleid: eine Diagonal-Verschalung aus Lärchenholz. Auch das Innere wirkt, als hätte der Bau Wurzeln. Es duftet nach Holz. Alles ist Holz. Der innenarchitektonische Raumeindruck ist fast magisch. Durch das nachhaltige, lebendige Material aus der Natur entsteht beim Eintritt sofort ein Gefühl von heller und warmer Geborgenheit.

Ein Highlight ist die Altarwand: Raumhoch bilden hier fast 3.000 Holzlamellen einen Vorhang aus Pastelltönen. Dahinter verborgen sind die Orgelpfeifen.

Der hebräische Name »Immanuel« bedeutet »Gott ist mit uns« – und wird im Raum spürbar. Erleben kann man dieses mehrfach mit Architekturpreisen ausgezeichnete Gotteshaus zu den sonntäglichen Gottesdiensten, zu Konzerten oder im Rahmen der Kirchenbesichtigungen an rund fünf Terminen im Jahr.

Adresse Bonhoefferstraße 8, 51061 Köln, www.brueckenschlag-gemeinde.de | ÖPNV Bus 155, Haltestelle Bonhoefferstraße | Öffnungszeiten zu den Gottesdiensten, Veranstaltungen siehe Webseite | Tipp Der Stammheimer Schlosspark mit seinen teils 200 Jahre alten Baumriesen ist immer einen Ausflug wert. Die zwölf Hektar große Parkanlage zählt zu den ältesten und bedeutendsten in der Stadt.

103 Hl. Johannes XXIII.

Die größte begehbare Skulptur Kölns

Dass eine Kirche auch ein Baum sein kann und dieser später zum Zankapfel wird, hätte man sich vor 1964 in der Domstadt auch nicht träumen lassen. Die katholische Hochschulgemeinde Köln plante Anfang der 1960er Jahre den Bau eines Studentenwohnheims, eines Gemeinschaftshauses und einer Kirche und schrieb hierfür einen Wettbewerb aus. Doch schon bevor irgendwelche Entwürfe eingingen, führte die Planung zum Streit. Denn von der Notwendigkeit einer Kirche waren die Studenten alles andere als überzeugt – Religion wurde in der 68er Generation zur Nebensache.

Der damalige Studentenpfarrer Wilhelm Nyssen sorgte für die Lösung: Architekt plus Bildhauer gleich Kirchenskulptur. Ein Gotteshaus, das aussah wie ein in die Höhe gebauter Beton-Irrgarten fand Gnade bei den Studenten, und nach zwei Jahren Bauzeit stand im Hof des Studentenwohnheims ein Baum. Oder eine Kirche.

Der Bildhauer Josef Rikus schuf im Team mit dem Architekten Heinz Buchmann diesen Meilenstein-Bau. Denn die Kirche ist die radikale Umsetzung der Metapher der christlichen »Wurzel-Jesse«, aus der der Stammbaum Jesu erwächst – aus Beton. Außen wie innen türmt sich alles zu einer mächtigen »Baumkrone«, ohne erkennbare Symmetrie oder Regelmäßigkeit. Ein Geäst aus Betonwurzeln in der Krypta bricht sich nach oben und verzweigt sich im Kirchenraum. Ein beispielloses Gotteshaus, das im Nachhinein zu Zwistigkeiten über die Urheberschaft führte. Welche Anteile vom Bildhauer stammen und welche vom Architekten, ist letztgültig nicht mehr nachzuvollziehen. Fest steht, dass man mit schöpferischem Mut absolut Neues gewagt hat und mit der Kirche ein äußerst gelungenes Gemeinschaftskunstwerk entstanden ist.

Seit 2014 ist die katholische Hochschulkirche dem Papst Johannes XXIII. geweiht und nach wie vor ein Sakralbau von unglaublicher Wirkung als ein sehr lebendiger und moderner Ort der katholischen Studentengemeinde.

Adresse Berrenrather Straße 127, 50937 Köln, www.khgkoeln.de/khg-kirche | ÖPNV Bahn 13, Bus 130, 131, 134, 978, Haltestelle Berrenrather Straße/Gürtel | Öffnungszeiten Mo–Do 10–17 Uhr; Führungen auf Anfrage | Tipp Tante Olga ist nur 15 Fußminuten entfernt. Dabei handelt es sich um einen der Unverpacktläden: Hier gibt es Lebensmittel und allerlei ohne Verpackungen, um Müll zu vermeiden.

104__Kirche Zur Heiligen Familie

Die Lämmer Gottes

Segen und Fluch: So erinnern sich Ehemalige an ihre Vergangenheit in einer ganz besonderen Wohngemeinschaft. Auf einem riesigen Gelände zwischen Sülzgürtel und Neuenhöfer Allee war fast 100 Jahre das Kinderheim Köln-Sülz beheimatet. Dies Heim war eine Welt für sich. Ordensschwestern »vom Armen Kind Jesu« übernahmen die Erziehung der oft mehr als 1.000 Kinder. Eine hohe Mauer umgab das weitläufige Areal mit Lehrlingsheim, Großküche, Krankenhaus, Sporthalle und Schwimmbad.

Wahrzeichen des ummauerten Kinderdorfes war die Kirche, geweiht der Heiligen Familie. Wie alle Kirchen war sie im Krieg aber auch ein einfaches Ziel, nur der neobarocke Turm blieb erhalten. Den Wiederaufbau übernahm nach dem Tod seines Vaters Gottfried Böhm. Die wohl auch für einen Kirchenbaumeister einmalige Aufgabe lautete, eine Kirche für Kinder zu schaffen. Und so entstand ein Bau, der im Vergleich zum eher kasernenartigen Ambiente kindgerecht, verspielt und einladend wirkt.

Das liegt wohl auch an den 126 Schäfchen, die ringsherum an der Fassade »grasen« – ein Relief von Jochen Pechau. Im Innenraum setzt sich das kindliche Schema fort: In 120 kleinen Fenstern von Gottfried Böhm zeigt sich je ein musizierendes Kind – zusammen ein ganzes Kinderorchester.

2009 wurde das Kinderheim schließlich geschlossen, der Abbruch erfolgte ein Jahr später. Das bislang abgeschottete Grundstück bekam ein neues Gesicht: In sieben Baufeldern entstand ein vielfältiges Quartier mit unterschiedlichen Häusern. Das neue lebendige Dorf bietet altersgemischtes Wohnen mit Supermarkt, Kindertagesstätte, Altenpflege, Praxisräume, Restaurant. Die Kirche steht seit 1989 unter Denkmalschutz und wurde 2013 profaniert. Aufwendig restauriert wird sie zukünftig das Herz im neuen Veedel werden.

Adresse Elisabeth-von-Mumm-Platz 1, 50937 Köln, www.diesuelzer.koeln/neubauprojekte/anton-und-elisabeth | ÖPNV Bahn 13, Bus 130, 131, 134, 978, Haltestelle Berrenrather Straße/Gürtel | Öffnungszeiten nach Fertigstellung des Projekts Anton + Elisabeth, siehe Webseite | Tipp Der Aussichtspunkt Sülzer Balkon bietet Weitblick über den Beethovenpark.

105 St. Karl Borromäus

Die Kirche auf der Kiesgrube

Schon 35 Jahre vor dem Entwurf für St. Gertrud in Nippes wurde in Sülz die erste »Reihenhaus-Kirche« gebaut. Geplant vom Kölner Architekten-Duo Ferdinand Pasmann und Joseph Bonn, mit einem lückenlosen Anbau von Wohnhäusern. Der Stadtteil Sülz wuchs in den 1920er Jahren so stark, dass die Kirchengemeinde ein Eckgrundstück kaufte und die Architekten mit dem Bau der Kirche und einer umgebenden Wohnbebauung beauftragte. In einem für heutige Zeiten rasanten Bautempo von nur einem halben Jahr entstand 1930 eine imposante Klinkerbau-Kirche.

Erbaut wurde St. Karl Borromäus auf dem Gelände einer ehemaligen Kiesgrube – sicherlich keine übliche Stätte für ein Gotteshaus. Auch der Innenraum der Kirche wirkt alles andere als gewöhnlich. Es zieht einen sofort zum auffälligen Altarraum, der ursprünglich noch ganz anders aussah.

Seit 1951 hing an der schlichten weißen Chorwand eine Kreuzigungsgruppe vom Brühler Bildhauer Wilhelm Tophinke: Aus einer Edelkastanie vom Brühler Schlosspark wurde eine Leidensskulptur vom Tode Jesu Christi. Neben dem Kreuz verharren Maria und Johannes, unter ihnen kniend Maria Magdalena. Die uralte, mystische Form des Gabelkreuzes ragte über dem Altar fast bis zur Decke hinauf. Ende der 1960er Jahre wurde die Kirche unter der Regie von Gottfried Böhm und dem Künstler Georg Meistermann renoviert und teilweise umgestaltet. Der Künstler nahm das Kreuz von der Wand und stellte es direkt hinter dem Altar auf, Maria Magdalena wurde neben der betenden Gruppe platziert. Auf der nun freiliegenden Chorwand hat sich Georg Meistermann mit einem abstrakten, farbenprächtigen Wandgemälde monumental verewigt.

Aus Sicht des Künstlers, der zeitlebens mit zahlreichen Preisen ausgezeichnet wurde, ergibt sich durch diese neue Komposition die Botschaft von der Unausweichlichkeit von Leiden und Tod und der Verheißung einer Auferstehung.

Adresse Zülpicher Straße 275, 50937 Köln, www.kirche-sk.de | **ÖPNV** Bahn 9, Haltestelle Lindenburg | **Öffnungszeiten** zu Gottesdiensten | **Tipp** Das Café Wo ist Tom? ist *die* Anlaufstelle für Frühstück, Snacks und Herzhaftes – und berühmt für den selbst gebackenen Kuchen. Gemeinnütziger Träger ist die Lebenshilfe Köln, die sich seit über 50 Jahren für Menschen mit Behinderung und deren Familien einsetzt.

106__St. Theodor

Das Erdbebenopfer

St. Theodor wurde gleich mehrfach zur Kölner Legende. Denn als 1992 in der Region die Erde bebte, wurde die Vingster Kirche so schwer beschädigt, dass wegen Einsturzgefahr nur noch der Abriss blieb. Im Jahr 1996 wurde sie dem Erdboden gleichgemacht, nur der Turm blieb erhalten. Damit kam sie zu der wenig tröstenden Ehre, als einzige Kölner Kirche dem stärksten Beben seit 1756 zum Opfer gefallen zu sein. Die Vingster Kirche hat gleich zweimal ihr Leben eingebüßt: 1938 eingeweiht, 1944 zerstört, 1949 wiedererbaut – bis 47 Jahre später die Bagger kamen.

Nun sollte ein neues Gotteshaus das Schicksal zum Guten wenden. Die Gemeinde schrieb einen Wettbewerb aus und entschied sich unter 162 anonymen Entwürfen für den Plan eines nicht ganz unbekannten Architekten: Paul Böhm wurde mit St. Theodor 2.0 zum nächsten Kirchenbaumeister der Familie Böhm.

Im März 2002 wurde die neue Kirche eingeweiht: eine würdige Rotunde, die zur »Zentrale der Menschlichkeit« wurde, denn Paul Böhm plante das »große Ganze« im Team mit Franz Meurer, dem Pfarrer, der seit 1992 für die Gemeinden Vingst und Höhenberg zuständig ist. Für ihn ist die Kirche für den Menschen da, Nächstenliebe ist die Basis von allem. So schlägt auch das Herz der Kirche in dem riesigen Untergeschoss: Auf 800 Quadratmetern finden sich unter anderem eine Kleiderkammer, eine Gemeindeküche, eine Lebensmittelausgabe, Werkstätten und Möbellager.

Die neue Rundkirche birgt den alten Turm, bettet ihn ein in ihre Mitte. Eine Treppenrampe, die sich hochwindet auf das Dach bis zur Kapelle, wird zum Kreuzweg. Im Innern herrscht eine fast meditative Stimmung, durch schmale Deckenschlitze fällt das Tageslicht. Ein Ort mit großer Ausstrahlung – die Wirkungsstätte eines Menschen, der mit unermüdlichem und unkonventionellem humanitären Engagement zum »Don Camillo« und »Kardinal der Herzen« von Köln geworden ist.

Adresse An St. Theodor, 51103 Köln, www.kkg-hoevi.de | **ÖPNV** Bahn 9, Bus 153, 193, Haltestelle Vingst | **Öffnungszeiten** zu Gottesdiensten | **Tipp** In enger ökumenischer Zusammenarbeit der Pfarreien Höhenberg und Vingst ist vor 26 Jahren ein Kinderferienparadies entstanden: das HöVi-Land. Mittlerweile »reisen« jährlich über 600 Kinder in das Vingster Ferienland.

107_Gebetsraum Flughafen

Einer für alle

Dem Himmel so nah sein, das erreicht man im Diesseits nur während eines Fluges. Aber egal, wie der Mensch unterwegs ist, auch die Seele reist mit. Und so sind gerade Flughäfen nicht nur ein Zentrum des hundertfachen Auf und Abs, sondern auch ein Ort vieler Emotionen. Um dem zu begegnen, gibt es weltweit an Flughäfen immer öfter auch Räume der Stille, als Rückzugsort im Reisetrubel, oder Flughafen-Kapellen als Seelsorger für die Luftfahrt.

Während Flughäfen in anderen Städten oft mehrere Andachtsräume bereithalten, nach Konfessionen getrennt, setzt man in Köln auf einen Raum für alle: offen für alle Stimmungslagen und für alle Religionen der Welt. Offiziell führt er den Titel »Gebetsraum«. Ob beten vor dem Boarding, pausieren zwischendurch oder besinnen nach der Reise – erlaubt ist, was in Respekt und Toleranz im Miteinander geschieht.

Eingeweiht wurde der Raum 2013. Im Vorfeld gab es einiges zu berücksichtigen: Wie wird ein Andachtsraum eingerichtet, in dem Gläubige aller Religionen beten können? Muss man Bereiche für Frauen und Männer separieren? Möbel oder nicht? Gelöst wurde das Ganze mit Hilfe des Kölner »Rates der Religionen« (einer Vertretung von 25 Religionsgemeinschaften) und dem Aachener Architekturbüro K2 GmbH. Entstanden ist ein neutraler, aber würdevoller Ruhepol für alle Konfessionen. Bei der Gestaltung wurde bewusst auf religiöse Symbolik verzichtet. Mittelpunkt ist ein elliptischer Raum-im-Raum, der dem Besucher Schutz vor Einblicken bietet. Bedruckte Glasscheiben, die die Namen aller Weltreligionen tragen, machen auf den Ort aufmerksam.

Andachtsstätten für unterwegs entwickeln sich mit den Möglichkeiten des Reisens: von den Bildstöcken am Wegesrand über Autobahnkirchen zu den Beträumen an Flughäfen. Wenn man sich zukünftig im All von A nach B bewegt, darf eine »interstellare Andachtsstation« natürlich auch nicht fehlen.

Adresse Basement Terminal 2, Kennedystraße, 51147 Köln, www.koeln-bonn-airport.de | **ÖPNV** Zug RB 26, RE 6, S 13, S 19, Bus 161, 423, SB 60, Haltestelle Flughafen | **Öffnungszeiten** normalerweise durchgehend, aktuelle Öffnungszeiten siehe Webseite (»Gebetsraum« in Suchfeld eingeben) | **Tipp** Die Flughafen-Aussichtsterrasse bietet einen tollen Ausblick auf einen weiten Teil des Flughafens und der Bahnen.

108 St. Ägidius

Alle Jahre wieder – kommt das Hänneschen …

Das Hänneschen ist kein Hans und auch kein Hänschen – das Hänneschen ist und bleibt das Hänneschen aus Köln am Rhein. Auch wenn er aus ähnlichem Holz geschnitzt ist, gibt es keine Verwandtschaft zu Pinocchio, denn der ist ein echter Italiener.

Schließlich sind Hänneschen und seine Kumpane echt kölsche Urgehölze. In die Welt gesetzt vor über 200 Jahren, reanimiert um 1925, gehören sie nach wie vor zum unkündbaren Schauspiel-Ensemble des legendären, berühmten Kölner Puppenspiel-Theaters. Die aus Lindenholz geschnitzten Kultfiguren verkörpern humorvoll die kölsche Eigenart und gehören zur Stadt wie Kölsch und Karneval. So trifft man die Gestalten nicht nur auf der Bühne oder als Denkmal, sondern alle Jahre wieder auch in Wahn, in der St.-Ägidius-Kirche.

Schon seit 57 Jahren gibt es hier eine ganz besondere Weihnachtskrippe. Ins Leben gerufen wurde sie vom 1996 verstorbenen Pfarrer Gottfried Kirsch. Statt einer klassischen Krippe, die mit Maria, Josef und den Heiligen Königen die Geburt Jesu inszeniert, wird in St. Ägidius seit 1963 eine typisch »kölsche Krippe« aufgebaut mit den Helden aus dem Puppentheater. Die »Hänneschen Krippe« war geboren.

»Geboren« wurden die Krippen-Darsteller in ihrem Haus, in der Original-Hänneschen-Puppenwerkstatt. Geschnitzt und eingekleidet gingen sie vom Eisenmarkt auf Tournee ins »Ausland«, denn 1963 gehörte Wahn noch gar nicht zu Köln. Pfarrer Kirsch war mit Leib und Seele Kölner und holte sich mit den Kultfiguren ein Stück Heimat in die Kirche. Zum Glück wurde Wahn 1975 eingemeindet, und die Hänneschen Krippe wurde fortan zur Kölner Sehenswürdigkeit. Die Inszenierung und das Krippenbild wechseln seit 27 Jahren – aber die Figuren bleiben, manchmal in wechselnden Rollen, aber immer original. Und so gilt auch weiterhin für alle Zeiten: Wo Hänneschen draufsteht, ist Köln drin.

Adresse Frankfurter Straße 175, 51147 Köln, Pfarrbüro Tel. 02203/64153, www. gemeinden.erzbistum-koeln.de/kirchengemeinde-christus-koenig-porz | ÖPNV Bus 160, 162, 167, 505, Haltestelle Wahn Kirche | Öffnungszeiten siehe Webseite, Krippe 24. Dez. bis So nach Dreikönigstag | Tipp Das nahe gelegene Schloss Wahn bietet eine stilvolle Kulisse: Wer mag, kann sich hier das Jawort geben. Natürlich standesgemäß im historischen Gartensaal mit Freitreppe und Terrasse zum Schlosspark.

109 Pauluskirche

Das himmlische Tortenstück

Es gab Zeiten, da konnte es in und um Porz scheinbar nicht genug Gotteshäuser geben. Auf einer Fläche von elf Quadratkilometern tummelten sich bereits vier evangelische Kirchen, als im Jahr 2003 Nummer fünf ihrer Gemeinde übergeben wurde.

Wachsende Neubaugebiete brachten auch viele neue Gläubige mit nach Porz und Zündorf, sodass die Pfarre 1997 beschloss, auf ihrem Grundstück an der Houdainer Straße anzubauen. Der Wettbewerb kürte einen Gewinner, der sich nicht an die Regeln hielt – denn gewünscht war eigentlich nur eine »klassische« Erweiterung an das bestehende Gebäude einer Kindertagesstätte. Einen »Anbau« haben die Architekten Kister, Scheithauer, Gross entworfen – aber einen runden, der durch seine eigenständige Architektur so gar nicht mehr wie ein Erweiterungsanhängsel wirkt. Damit ignorierten sie die Vorgaben der Auslobung weitgehend und konnten die Jury überzeugen.

Nach einer zweijährigen Bauphase wurde die »abgedrehte« Kirche dem Apostel Paulus geweiht und lädt seit 2003 die evangelische Gemeinde. Der braun verputzte Bau wirkt mit seiner Form- und Farbgebung gleichermaßen unaufdringlich wie einladend und behütend. Trotz seiner Eigenwilligkeit wurde das Gotteshaus sanft eingebettet in den Ortsrand des pittoresken Zündorf mit seinen Fachwerkhäusern und der romantischen Rheinauenlandschaft rund um die Oase der Groov.

Betritt man die Pauluskirche, wird deutlich, dass sie wie ein Tortenstück nur einen Teil des Kreises einnimmt, weitere Flächen auf zwei Etagen dienen der Nutzung durch die Pfarrgemeinde. Der Kirchenraum selber hat eine sakrale Höhe und bietet Platz für 80 Personen und mehr, denn er kann über Faltwände erweitert werden. Im Gegensatz zu der erdfarbenen Außenfassade wirkt das Innere mit Mobiliar und Ausstattung lichterfüllt hell und verkörpert so das Gleichnis: Das Irdische ist das Außen – das Himmlische liegt im Inneren.

Adresse Houdainer Straße 32, 51143 Köln, www.kirche-porz.de/?id=pauluskirche | **ÖPNV** Bahn 7, Bus 164, 167, Haltestelle Zündorf | **Öffnungszeiten** Di, Mi 10–13 Uhr sowie zu den Gottesdiensten und nach Absprache | **Tipp** Die Auen der Groov, der Yachthafen, der historische Fachwerk-Charme – in Zündorf scheint die Welt in allerbester Ordnung.

110 St. Michael

Die Stapelrecht-Brecher von Zudendorp

Im kleinen, beschaulichen Zündorf kommt man zu einer unvergleichlich letzten Ruhe, denn auf dem Friedhof an der Burgstraße gibt es gleich doppelt göttlichen Beistand: Gegenüber der romanischen Kirche St. Michael wurde die neugotische Kirche St. Maria Geburt gebaut. Das genaue Alter der erstgenannten ist nicht letztgültig datiert, aber ihre 800 Jahre dürfte sie auf jeden Fall überschritten haben. Mehrfach »geliftet« und umgebaut ist sie ein Juwel und stellt ihre viel jüngere und mächtigere Nachfolgerin in den Schatten.

Errichtet wurde sie wahrscheinlich von einem ansässigen Adelsgeschlecht, den Rittersleut von Zudendorp, denen das mittelalterliche Zündorf seinen Namen verdankte. Vermutlich waren die Herrschaften auch nicht ganz unbeteiligt an einer listigen und wehrhaften Aktion, die für viele Jahrhunderte Wohlstand nach Zündorf und die große Stadt auf der anderen Rheinseite in Wallung brachte. Denn ein kleiner Seitenarm des Rheins – die legendäre Groov – fließt an Zündorf vorbei. Flink baute man einen kleinen Hafen und konnte so das 1259 eingeführte Kölner Stapelrecht umgehen. Dieser »Feilbietungszwang« verlangte von den Kaufleuten, die auf dem Rhein beförderten Waren drei Tage lang den Kölner Bürgern zum Kauf anzubieten. Kurzerhand machten die Zündorfer gemeinsame Sache mit den Händlern und »entluden« die Handelsschiffe schon im Zündorfer Hafen. Die Waren wurden auf dem Landweg über den Mauspfad bis hinter Mülheim transportiert und dort wieder aufgeladen, um die lästige »Abzocke-Regelung« zu umgehen. Diese »Stapelrecht-Brecher«-Route war so beliebt, dass man erwog, Mülheim und Zündorf mit einem Kanal zu verbinden. Das scheiterte jedoch aus finanziellen Gründen.

Heute ist der Zwischenstopp Zündorf längst eingemeindet in die städtischen Fittiche von Köln und lockt nicht nur mit seiner doppelten Kirche und dem historischem Charme Besuch von nah und fern.

Adresse Burgweg, 51143 Köln, Pfarrbüro Tel. 02203/82261 | ÖPNV Bus 164, 167, Haltestelle Zündorf Marktstraße | Öffnungszeiten offen nur zu Anlässen | Tipp Die Rheinfähren Krokodil, Frika und Krokolino verbinden Zündorf und Weiß an den Wochenenden von März bis Oktober.

111 Zündorfer Klosterkapelle

Die »Ich bin für alle da«-Kapelle

Statt »Ich bin dann mal weg« haben sich die Cellitinnen seit jeher einem anderen Credo verschrieben, nämlich dem »Einfach da sein«. Da sein für andere in christlicher Nächstenliebe, besonders für kranke und hilfsbedürftige Menschen.

Noch bevor die Schwestern 1874 in der Südstadt das Krankenhaus Severinsklösterchen gründeten, haben sich einige Cellitinnen auf der anderen Rheinseite niedergelassen. Für 5.000 Taler wechselte das Haus Pelletier den Besitzer und wurde vom Anwesen einer wohlhabenden Familie umfunktioniert zum Erholungs- und Pflegehaus mit angebauter Kapelle. Über ein Portal hatte diese Kapelle auch Zugang von außen, und so wurde sie wohl auch von vielen Zündorfern aufgesucht. Das war den örtlichen Kirchenoberen ein Dorn im Auge, und so dauerte es nicht lange, bis man dem einen Riegel vorgelegte. Um die Schäfchen wieder zurück in die heimische Pfarrkirche zu treiben, durften die Nonnen den Straßeneingang sonntags nicht öffnen, und den Zündorfern wurde untersagt, diese »Privatkirche« aufzusuchen. Aber davon ließ man sich nicht weiter beirren. Wer wollte, kam nun über die Klosterpforte von innen zum Kapellen-Gottesdienst.

Auch heute erhält man Einlass, allerdings nicht mehr von den barmherzigen Nonnen. Denn nach hundertjährigem aufopferungsvollem Dasein zogen die Cellitinnen 1974 von Nieder- nach Oberzündorf, für ihren nächsten Dienst »am Nächsten«. Dort übernahmen sie mit dem Heim St. Martin die Altenpflege.

Das Kloster wurde verkauft und wieder zum Wohnhaus umfunktioniert. Der neue Eigentümer Wolfgang Erdle wurde zum Retter der Kapelle: Er gründete einen Verein und widmete sie gemeinsam mit engagierten Mitgliedern um zur Galerie und Kulturstätte des Ortes. Dem kulturellen Anliegen des mittlerweile verstorbenen Gründers wird man mit einem vielfältigen Veranstaltungsprogramm auch heute noch mehr als gerecht.

Adresse Gütergasse 33, 51143 Köln, www.klosterkapelle.de | **ÖPNV** Bus 164, 167, Haltestelle Zündorf Marktstraße | **Öffnungszeiten** zu Veranstaltungen, siehe Webseite | **Tipp** Daisys Tearoom & Garden macht den Ausflug nach Zündorf perfekt. Die Wohlfühl-Oase wurde 2018 eröffnet und lockt mit britischen Leckereien und Ambiente.

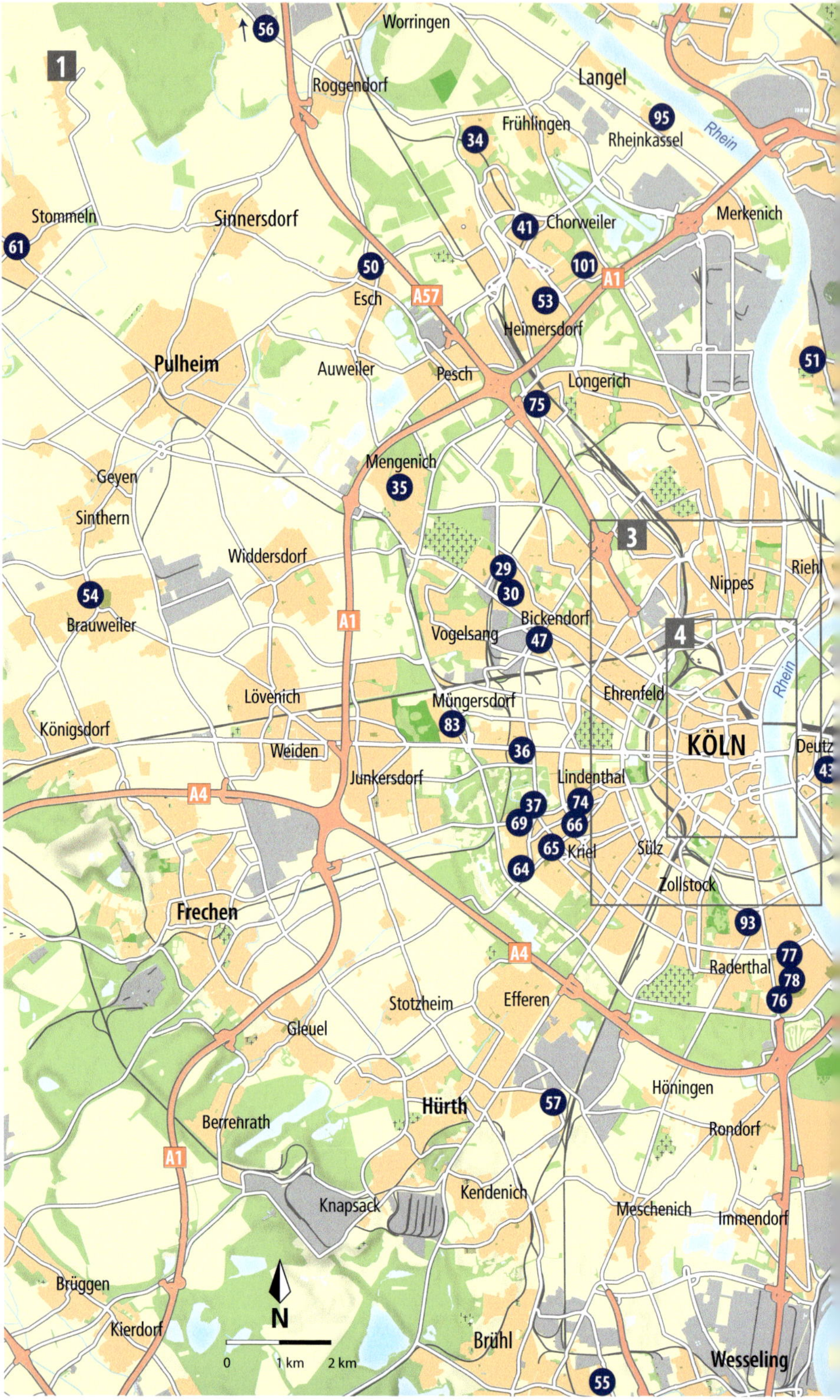

1
56
Worringen
Roggendorf
Langel
Frühlingen
95
Rheinkassel
34
Rhein
Merkenich
Stommeln
Sinnersdorf
41
Chorweiler
61
50
101
A1
Esch
A57
53
Heimersdorf
51
Pulheim
Auweiler
Pesch
Longerich
75
Mengenich
Geyen
35
Sinthern
3
Widdersdorf
29
Riehl
Nippes
30
54
Brauweiler
A1
Bickendorf
4
Vogelsang
47
Rhein
Ehrenfeld
Lövenich
Müngersdorf
Königsdorf
83
KÖLN
Deutz
Weiden
36
43
Junkersdorf
Lindenthal
A4
37
74
69
66
65
Kriel
Sülz
64
Zollstock
Frechen
93
77
A4
Raderthal
78
76
Stotzheim
Efferen
Gleuel
Höningen
57
Hürth
Rondorf
Berrenrath
A1
Kendenich
Knapsack
Meschenich
Immendorf
N
Brüggen
Kierdorf
Brühl
0
1 km
2 km
Wesseling
55

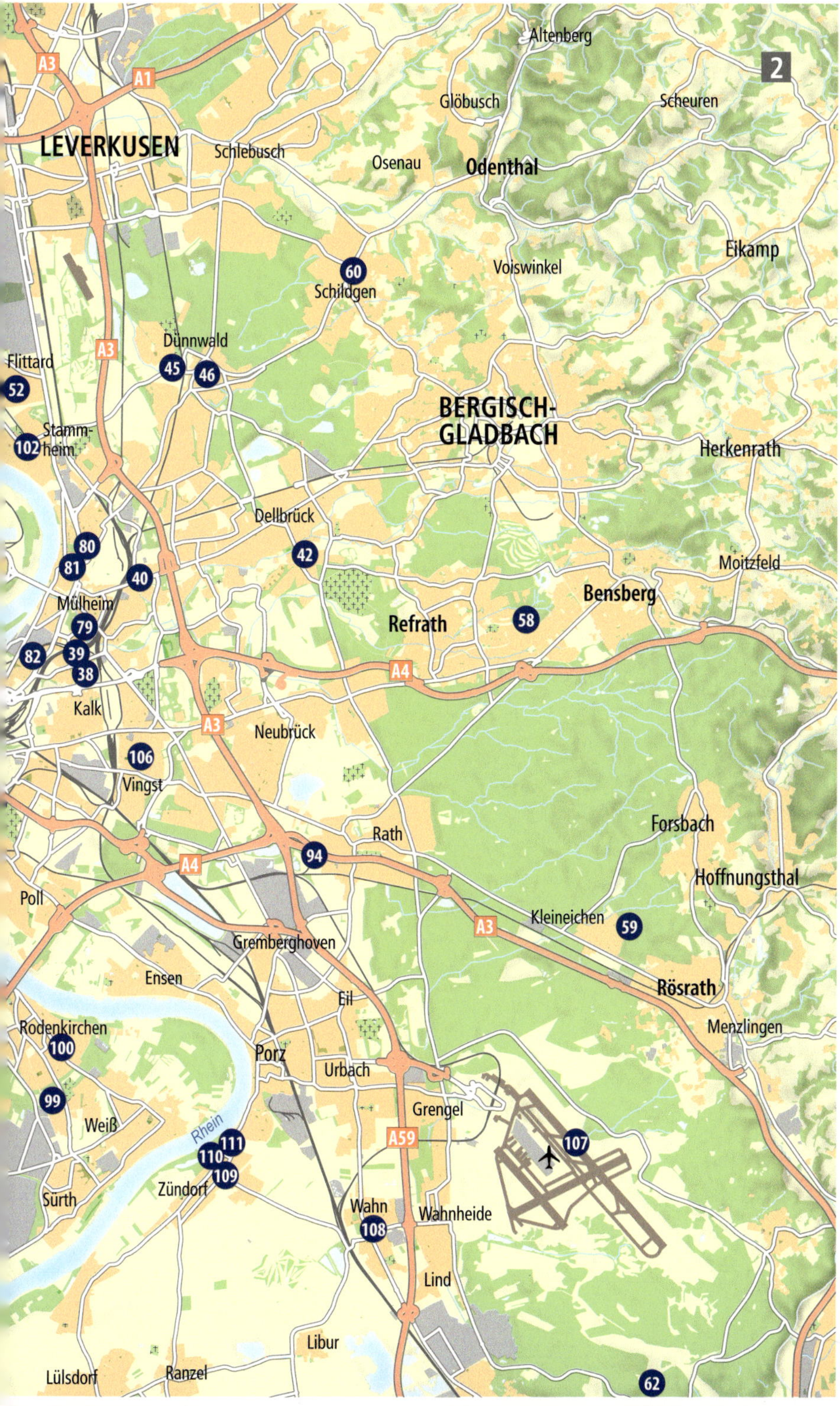

2
Altenberg
A3
A1
Glöbusch
Scheuren
LEVERKUSEN
Schlebusch
Osenau
Odenthal
Eikamp
60
Schildgen
Voiswinkel
Dünnwald
A3
Flittard
45
46
52
BERGISCH-
GLADBACH
Stamm-
heim
102
Herkenrath
Dellbrück
80
42
81
Moitzfeld
40
Mülheim
Bensberg
79
Refrath
58
82
39
38
A4
Kalk
A3
Neubrück
106
Vingst
Forsbach
Rath
94
A4
Hoffnungsthal
Poll
Kleineichen
A3
59
Gremberghoven
Ensen
Rösrath
Eil
Rodenkirchen
Menzlingen
100
Porz
Urbach
Grengel
99
Weiß
Rhein
A59
111
107
110
109
Zündorf
Sürth
Wahn
Wahnheide
108
Lind
Libur
Lülsdorf
Ranzel
62

MAUENHEIM
3
31
33
BILDER-
STÖCKCHEN
Escher Straße
Parkgürtel
32
Neusser Straße
Niehler Straße
Xantener Straße
Amsterdamer Straße
97
96
Kempener Straße
NIPPES
RIEHL
92
98
NEUEHRENFELD
Innere Kanalstraße
Herkulesstraße
48
1
Riehler Straße
Zoobrücke
4
Hansaring
Konrad-Adenauer-Ufer
Rhein
EHRENFELD
49
85
84
Haupt-
bahnhof
KÖLN
Innere Kanalstraße
Moltkestraße
73
Aachener Straße
Aachener Straße
Deutzer
Brücke
DEUTZ
63
87
Neumarkt
86
88
Hiroshima-
Nagasaki-
Park
91
70
68
Roonstraße
89
Severins-
brücke
LINDENTHAL
Universitätsstraße
72
67
Ulrichgasse
Bayernstraße
Sachsenring
20
71
Zülpicher Straße
105
103
Luxemburger Straße
Vorgebirgsstraße
Volksgarten
SÜDSTADT
Weißhaus-
straße
SÜLZ
Am Vorgebirgstor
90
Agrippinaufer
Bonner Straße
104
Gottesweg
N
KLETTENBERG
ZOLLSTOCK
BAYENTHAL
0
350 m
700 m

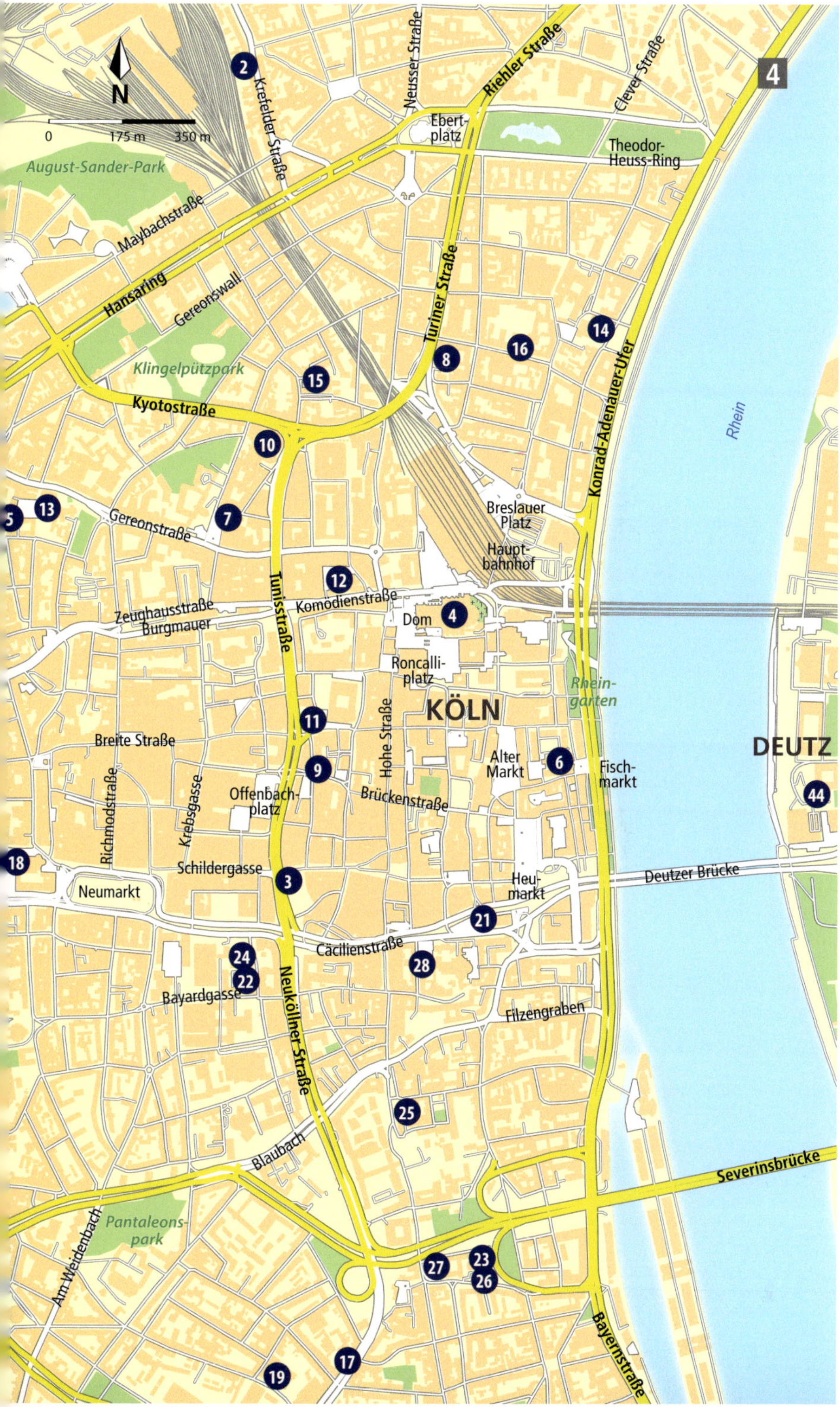

4
N
0
175 m
350 m
August-Sander-Park
Maybachstraße
Hansaring
Gereonswall
Klingelpützpark
Kyotostraße
Krefelder Straße
Neusser Straße
Riehler Straße
Ebert-
platz
Clever Straße
Theodor-
Heuss-Ring
Turiner Straße
Konrad-Adenauer-Ufer
Rhein
Gereonstraße
Breslauer
Platz
Haupt-
bahnhof
Tunisstraße
Komödienstraße
Zeughausstraße
Burgmauer
Dom
Roncalli-
platz
Rhein-
garten
KÖLN
DEUTZ
Breite Straße
Hohe Straße
Alter
Markt
Fisch-
markt
Richmodstraße
Krebsgasse
Offenbach-
platz
Brückenstraße
Schildergasse
Neumarkt
Heu-
markt
Deutzer Brücke
Cäcilienstraße
Bayardgasse
Neuköllner Straße
Filzengraben
Blaubach
Severinsbrücke
Pantaleons-
park
Am Weidenbach
Bayernstraße
2
8
16
14
15
10
13
5
7
12
4
11
9
6
44
18
3
21
24
22
28
25
27
23
26
17
19

Monika Schmitz
111 Orte im Lungau, die man gesehen haben muss
ISBN 978-3-7408-0573-9

Bernd Imgrund, Britta Schmitz
111 Kölner Orte, die man gesehen haben muss
ISBN 978-3-7408-0801-3

Bernd Imgrund, Britta Schmitz
111 Kölner Orte, die man gesehen haben muss, Band 2
ISBN 978-3-7408-0882-2

Bernd Imgrund, Nina Osmers
111 Orte im Kölner Umland, die man gesehen haben muss
ISBN 978-3-89705-777-7

Bernd Imgrund, Thilo Schmülgen
111 Kölner Kneipen, die man kennen muss
ISBN 978-3-89705-838-5

Rüdiger Liedtke
111 Kölner Meisterwerke, die man gesehen haben muss
ISBN 978-3-95451-838-8

Olaf Jansen
111 Kölner Fußballorte, die man gesehen haben muss
ISBN 978-3-95451-850-0

Theo Pagel, Christoph Schütt
111 Geschichten aus dem Kölner Zoo, die man kennen muss
ISBN 978-3-7408-0853-2

Bernd Imgrund, Britta Schmitz
111 Kölner, die man kennen lernen sollte
ISBN 978-3-95451-322-2

Rüdiger Liedtke
111 Heilige im Rheinland, die man kennen muss
ISBN 978-3-7408-0886-0

Peter Eickhoff
111 Düsseldorfer Orte, die man gesehen haben muss
ISBN 978-3-7408-0986-7

Jörn Heller
111 Orte in Siegen-Wittgen-stein, die man gesehen haben muss
ISBN 978-3-7408-0976-8

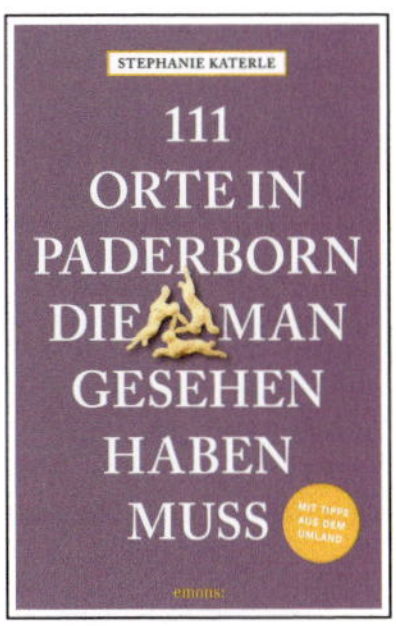

Stephanie Katerle
111 Orte in Paderborn, die man gesehen haben muss
ISBN 978-3-7408-0645-3

Daniel Robbel, Dirk Unschuld
111 Orte im Ahrtal, die man gesehen haben muss
ISBN 978-3-7408-0850-1

Ralf Koss
111 Orte in Dortmund, die man gesehen haben muss
ISBN 978-3-7408-0649-1

Garnet Manecke, Vera Anders
111 Orte in Mönchengladbach, die man gesehen haben muss
ISBN 978-3-7408-0606-4

Fabian Pasalk
111 Orte in Wuppertal, die man gesehen haben muss
ISBN 978-3-7408-0247-9

Christina Gruber, Gerhard Schmidt, Thomas Schildmann
111 Drehorte berühmter Filme & Serien in Nordrhein-Westfalen
ISBN 978-3-95451-928-6

Fabian Pasalk
111 Orte in Essen, die man gesehen haben muss
ISBN 978-3-95451-924-8

Ursula Gilbert, Michael Klein
111 Orte im Siebengebirge, die man gesehen haben muss
ISBN 978-3-95451-921-7

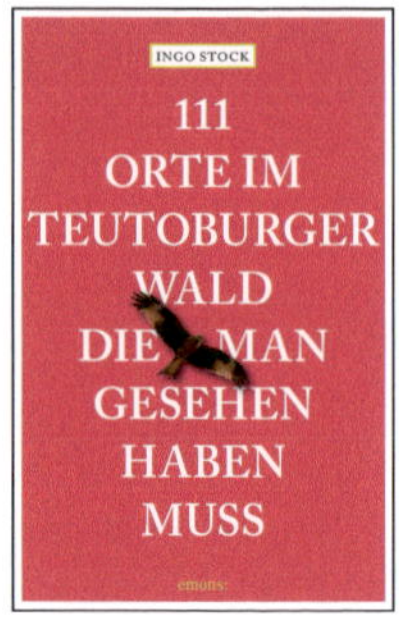

Ingo Stock
111 Orte im Teutoburger Wald, die man gesehen haben muss
ISBN 978-3-95451-859-3

Markus Danner, Johannes Seibt
111 Orte in Leverkusen, die man gesehen haben muss
ISBN 978-3-95451-849-4

Fabian Pasalk
111 Orte im Ruhrgebiet, die man gesehen haben muss
ISBN 978-3-7408-1034-4

Fabian Pasalk
111 Orte im Ruhrgebiet, die man gesehen haben muss, Band 2
ISBN 978-3-95451-223-2

Lust auf mehr? Laden Sie sich die »LChoice«-App runter, scannen Sie den QR-Code und bestellen Sie weitere Bücher direkt in Ihrer Buchhandlung.

LChoice

Hier bestellen

Danke

Ein herzliches Dankeschön an alle, die dieses spannende Buchprojekt vielfältig mit unterstützt haben. Namentlich seien erwähnt: Barbara und Martin Ellerbrok, Günter Krug und Dr. Joachim Oepen.
Und – natürlich – danke ich ganz besonders meiner lieben Familie und meiner Mutter.

Monika Schmitz studierte Grafik-Design – bevor sie vom Bild zum Wort wechselte. Nach einer Laufbahn als Kreativdirektor in der Werbung arbeitet sie heute als freie Texterin und Autorin und ist gleich doppelt heimatverliebt: Als Autorin des Buches »111 Orte im Lungau, die man gesehen haben muss« hat sie dem Bergparadies in ihrer Zweitheimat Österreich ein Denkmal gesetzt. Nun hat sich die gebürtige Kölnerin auf ihre Heimatstadt gestürzt – und ist dabei auf unglaubliche Schätze gestoßen.

Britta Schmitz studierte Volkskunde und Romanistik, arbeitet in der Pressestelle im Emons Verlag und als Fotografin. Seit 2010 erscheint ihr Köln-Kalender im Hochformat. Ihre Fotografien illustrieren den Bildband »Kölner Lieblingsorte«, den zweibändigen Bestseller »111 Kölner Orte, die man gesehen haben muss«, den Führer »Melaten. Gräber erzählen Stadtgeschichte« sowie weitere Verlagspublikationen. 2018 gab sie (mit Eva Neubert) den historischen Bildband »Persil und Petticoat. Köln von 1949 bis 1959« heraus.
www.britta-schmitz.de